中国经济高质量发展水平的测度及统计分析

张赛茵　王金伟　刘强◎著

首都经济贸易大学出版社

Capital University of Economics and Business Press

·北 京·

图书在版编目（CIP）数据

中国经济高质量发展水平的测度及统计分析/张赛茵，王金伟，刘强著．－－北京：首都经济贸易大学出版社，2022.7

ISBN 978－7－5638－3332－0

Ⅰ.①中…　Ⅱ.①张…②王…③刘…　Ⅲ.①中国经济—经济发展—研究　Ⅳ.①F124

中国版本图书馆 CIP 数据核字（2022）第 007921 号

中国经济高质量发展水平的测度及统计分析

ZHONGGUO JINGJI GAOZHILIANG FAZHAN SHUIPING DE CEDUO JI TONGJI FENXI

张赛茵　王金伟　刘　强　著

责任编辑	杨丹璇
封面设计	砚祥志远·激光照排　TEL：010-65976003
出版发行	首都经济贸易大学出版社
地　　址	北京市朝阳区红庙（邮编100026）
电　　话	（010）65976483　65065761　65071505（传真）
网　　址	http://www.sjmcb.com
E－mail	publish@cueb.edu.cn
经　　销	全国新华书店
照　　排	北京砚祥志远激光照排技术有限公司
印　　刷	北京九州迅驰传媒文化有限公司
成品尺寸	170 毫米×240 毫米　1/16
字　　数	110 千字
印　　张	8.5
版　　次	2022 年 7 月第 1 版　2023 年 9 月第 2 次印刷
书　　号	ISBN 978－7－5638－3332－0
定　　价	39.00 元

　　改革开放以来，我国经济持续健康发展，创造了世界奇迹。2017年12月召开的中央经济工作会议首次提出习近平新时代中国特色社会主义经济思想，并指出"中国特色社会主义进入了新时代，我国经济发展也进入了新时代。由高速增长阶段转向高质量发展阶段，是新时代我国经济发展的基本特征"。实践证明，高质量发展是引领我国经济"十三五"取得历史性成就的指南针。2021年3月7日，在十三届全国人民代表大会第四次会议青海代表团审议时，习近平总书记强调，高质量发展是"十四五"乃至更长时期我国经济社会发展的主题，关系我国社会主义现代化建设全局。高质量发展不只是一个经济要求，而是对经济社会发展方方面面的总要求；不只是对经济发达地区的要求，而是所有地区发展都必须贯彻的要求；不是一时一事的要求，而是必须长期坚持的要求。习近平总书记从领域、地域、时域等角度为新时代推动高质量发展指明了前进方向，提供了根本依据。

　　经济发展阶段由过去的高速增长过渡到现今的高质量发展，是对中国特色社会主义进入新的发展阶段所做出的重大论断，是突破中国经济发展瓶颈的现实选择。走高质量发展之路，就要坚持以人民为中心的发展思想，坚持创新、协调、绿色、开放、共享发展，故本书从经济增长效率、创新驱动经济、居民生活水平、绿色经济发展、京津冀区域经济差异等方面对我国经济高质量发展水平进行了测度。本书综合运用空间计量、多元统计、时间序列等统计模型，综合宏观和微观视角，厘清我国经济高质量发展中各因素的作用机制。

高质量发展是"十四五"乃至更长时期我国经济社会发展的主题，关系到我国社会主义现代化建设全局。本书只是对我国经济高质量发展研究的初步结果，一些观点和结论还有待进一步完善，恳请同行和广大读者批评指正。

目录

目
录

3

1

绪　论

改革开放以来，我国经济发展进入了快车道，国内生产总值（GDP）总量快速提升，于 2010 年超过日本，一举成为全球第二大经济体。在 2020 年，GDP 总量更是突破百万亿元大关，达到了 101.6 万亿元。

虽然我国的经济成就令世界瞩目，但是目前我国仍然是世界上最大的发展中国家。2019 年，我国人均 GDP 刚超过 1 万美元，2020 年，我国人均 GDP 达到了 1.05 万美元，连续两年保持在一万美元以上。当人均 GDP 处于 8 000 ～ 15 000 美元时，一般表明该国处于向高质量发展的转换阶段。从经济理论看，经济发展质量变革、效率变革、动力变革是推动经济高质量发展的根本途径，推动质量变革应以提高供给体系质量为主攻方向，推动效率变革应以提高全要素生产率为核心，推动动力变革应以科技创新和体制改革为重点①。

1.1　中国经济高质量发展研究综述

1.1.1　经济高质量发展

经济高质量发展相对于经济增长质量而言，具有鲜明的时代特

---

① 孙学工，郭春丽，等. 中国经济高质量发展研究 ［M］. 北京：人民出版社，2020.

征和深刻的意义，为我国进入新的发展阶段指明了前进的方向，其概念提出之后便受到学界的广泛关注。从当前我国社会的主要矛盾出发，张军扩等（2019）认为高质量发展是高效、公平、可持续的发展，是经济、政治、文化、社会和生态文明五位一体的协调发展[①]。郑新立（2017）认为，经济转向高质量发展的内涵就是"我国经济已经从主要依靠增加物质资源消耗实现的粗放型高速增长，转变为以科技进步、管理水平改善和劳动者素质能力提高为主的集约型增长"[②]。从供给体系出发，国家发展改革委经济研究所课题组（2019）认为，高质量发展的核心内涵就是供给体系的质量高、效率高、稳定性高[③]。任保平和李禹墨（2018）认为，高质量发展的特征主要体现在产业结构的合理化与高级化、创新成为推动经济发展的第一动力、供给体系质量高、人民对美好生活的需要不断得到满足四个方面[④]。从产品的微观层面出发，金江军（2019）阐述了如何以数字经济引领高质量发展[⑤]。此外，唐晓华和迟子茗（2021）以中国工业智能化与制造业加速融合为契机，实证检验了工业智能化对制造业高质量发展的影响[⑥]。

[①] 张军扩，侯永志，刘培林，等. 高质量发展的目标要求和战略路径 [J]. 管理世界，2019，35（7）：1 – 7.

[②] 曲哲涵. 如何理解中国经济转向高质量发展 [N]. 人民日报，2017 – 10 – 31（1）.

[③] 国家发展改革委经济研究所课题组. 推动经济高质量发展研究 [J]. 宏观经济研究，2019（2）：5 – 17，91.

[④] 任保平，李禹墨. 新时代我国高质量发展评判体系的构建及其转型路径 [J]. 陕西师范大学学报（哲学社会科学版），2018（3）：2 – 10.

[⑤] 金江军. 数字经济引领高质量发展 [M]. 北京：中信出版集团，2019.

[⑥] 唐晓华，迟子茗. 工业智能化对制造业高质量发展的影响研究 [J]. 当代财经，2021（5）：102 – 114.

1.1.2 经济发展指标体系

不合适的发展测度体系不仅可能导致错误决策和影响对于政策效果的评估，也会降低公众对于公共决策的信任度，影响公众对经济社会发展的共识。国务院发展研究中心课题组（2019）在分析测度的原则、国内现有指标存在的问题和国际上测度发展的新趋势的基础上提出构建"高质量发展"测度指标体系的基本思想①。李金昌等（2019）从"人民日益增长的美好生活需要"和"不平衡不充分的发展"这一社会主要矛盾着手，构建了由经济活力、创新效率、绿色发展、人民生活、社会和谐五个部分共 27 项指标构成的高质量发展评价指标体系②。魏敏和李书昊（2018）通过对我国各地区的实证分析结果证实我国经济高质量发展水平整体上呈现出"东高、中平、西低"的布局③。马茹等（2019）通过构建指标体系和对省级高质量水平的测度也得出了相似的结论④。余江和叶林（2018）构建了中国新型城市化发展水平的三层次、四维综合评价指标体系，证实了中国新型城市化发展水平存在空间差异，呈现出由东向中、西连续递减的特征，近半数地区城市化质量落后于城市化水平⑤。此外，学者也从不同角度提出了经济高质量发展体

① 国务院发展研究中心课题组. 高质量发展的目标要求和战略重点 [M]. 北京：中国发展出版社，2019.

② 李金昌，史龙梅，徐蔼婷. 高质量发展评价指标体系探讨 [J]. 统计研究，2019（1）：4 - 14.

③ 魏敏，李书昊. 新时代中国经济高质量发展水平的测度研究 [J]. 数量经济技术经济研究，2018（11）：3 - 20.

④ 马茹，罗晖，王宏伟，等. 中国区域经济高质量发展评价指标体系及测度研究 [J]. 中国软科学，2019（7）：60 - 67.

⑤ 余江，叶林. 中国新型城镇化发展水平的综合评价：构建、测度与比较 [J]. 武汉大学学报（哲学社会科学版），2018（2）：145 - 156.

系构建的思路。

1.2 多指标面板数据分析方法简介

面板数据主要用于模型方面的研究，在国外的研究起步较早，且研究较全面。而面板数据模型在国内的研究相比于国外晚了十几年，2005年开始，国内学者才开始对面板数据及其模型进行大量应用研究。2002年邦佐（Bonzo）和赫莫西拉（Hermosilla）将多元统计方法引入面板数据中，为研究提供了崭新的思路。下面分别从国内和国外两个方面对面板数据进行综述。

1.2.1 国外文献综述

面板数据主要分为静态面板数据和动态面板数据两大类。酷哈（Kuh）作为静态面板数据模型研究的先驱，最早研究出了一维误差分解模型。巴莱斯特拉和纳洛夫（Balestra & Nerlove，1966）把面板数据引入计量经济学，发表了有关面板数据的学术会议论文，使得面板数据的理论与应用研究得到了学者的广泛关注[1]。最早面板数据的展开研究来自 1986 年萧政（Cheng Hsiao）的《面板数据分析》，该书简要介绍了平行数据的相关知识。之后在 2003 年，他又加入了一些新的研究成果，发表了新的《面板数据分析》，巩固了面板数据的理论[2]。在面板数据

---

[1] BALESTRA P, NERLOVE M. Pooling cross section and time series data in the estimation of a dynamic model: the demand for natural gas [J]. Econometrica, 1966, 34 (3): 585 – 612.

[2] HSIAO C. Analysis of panel data [M]. Cambridge: Cambridge University Press, 2003.

模型的应用上，豪斯曼等（Hausman et al，1984）采用面板数据模型研究专利与研发之间的关系，结果发现两者关系中存在一个互动的负面趋势，即从最近的研发投资中企业获得的专利较少①。罗克夫（Rockoff，2004）应用面板数据模型研究教师素质与学生成绩的关系，结果表明，教师学历和教学经验对学生成绩都至关重要②。玛尼等（Mani et al，2018）采用面板数据模型分析残疾的发病和康复对就业状况和工作时间的不同影响，结果表明需要实行以健康、残疾和就业为重点的社会保护政策③。

在面板数据的聚类分析方法上，德拉等（Dela et al，2008）参考以往文献，在非线性分层模型的基础上进行研究，提出了一种多水平面板数据聚类方法④。尼尔等（Nie et al，2010）在传统的距离度量方法不能用于面板数据的背景下，提出一种新的距离度量方法，将其用于面板数据聚类研究，实证结果表明该方法比传统方法的性能更好⑤。

1.2.2　国内文献综述

国内对于面板数据多注重应用方面的研究。靳庭良和郭建军

①　HAUSMAN J，HALL B，GRILICHES Z. Econometric models for count data with an application to the patents – R & D relationship［J］. Econometrica，1984，52（4）：909 – 938.

②　ROCKOFF J. The impact of individual teachers on student achievement：evidence from panel data［J］. American economic review，2004，94（2）：247 – 252.

③　MANI S，MITRA S，SAMBAMOORTHI U. Dynamics in health and employment：evidence from Indonesia［J］. World development，2018，104（1）：297 – 309.

④　DELA C R，QUINTANA F A，MARSHALL G. Model – based clustering for longitudinal data［J］. Computational statistics & data analysis，2008，52（3）：1441 – 1457.

⑤　NIE G，CHEN Y，ZHANG L，et al. Credit card customer analysis based on panel data clustering［J］. Procedia computer science，2010，1（1）：2489 – 2497.

之间的关系。

第 4 章从收入、消费、健康、教育娱乐、生活设施、社会保障和城市环境七个方面选取了共计 12 个指标，采用主成分分析法和层次聚类法对国内 31 个地区居民生活质量的时序变化和不同地区指标的高低差异进行了分析。

第 5 章从经济、生态和资源三个方面对我国环境质量发展水平进行了系统的评价与空间分异性研究。研究发现我国环境质量发展水平参差不齐，表现出南北两极分化的特征，东南沿海环境发展水平高，西北内陆环境发展呈现中低水平，环境发展水平相似的省域在空间上表现出集聚分布。

第 6 章以京津冀地区 13 个城市人均 GDP 数据和三大产业数据为样本，基于分位数回归的面板数据模型估计方法，对改革开放四十余年来京津冀区域经济差异格局及其演化进行测度分析。

2

我国经济高质量发展水平综合评价

党的十九大报告指出，我国经济已由高速增长阶段转向高质量发展阶段。党的十九届五中全会再次强调构建新的发展模式，在质量效益明显提高的基础上实现经济持续健康发展。习近平总书记强调："新时代新阶段的发展必须贯彻新发展理念，必须是高质量发展。"目前中国已是经济大国，但仍不是经济强国，因此不断推进我国经济从"量"到"质"的改变，已经成为中国经济发展的重中之重。

经济高质量发展是近几年才提出的概念，因此学术界迄今为止尚未对此有一个明确的定义，针对中国经济的质量增长方面的研究也相对较少。杨琛等（2016）在"新常态"的发展背景下，对影响经济增长的九个因素进行了提炼，基于牛顿第二定律解决了经济增长的动力问题，并通过灰色关联度模型寻找经济增长的动力源。魏敏和李书昊（2018）从经济增长稳定、创新驱动发展、区域协调共享、资源配置高效等方面入手，利用熵权 TOPSIS 法对经济高质量发展进行实证测度，将中国 31 个地区划分为明星型、平庸型和落后型三种。鲁邦克等（2019）基于经济增长高质量、创新发展高质量、生态文明高质量和民生发展高质量四个维度建立了指标体系，使用加权主成分法，对 2013—2017 年中国各地区经济发展质量进行分析。任保显（2020）从生产、分配、流通和消费四个环节展开研究，构建了由 4 个一级指标和 28 个二级指标组成的高质量经济评价体系。余泳泽等（2020）在新冠肺炎疫情对中国经济的供给侧和需求侧同时造成沉重打击的背景下，从量化高低、权重结构及时间层次三个方面对经济目标体系提出战略性调整的建议。

2.1 高质量指标体系的构建

对经济发展质量的测度是一个复杂的系统工程，需要面对经济、社会、文化、资源、环境等多个层面。前人的研究大多是停留在短期上的研究，选取时间一般在五年以内，将每一年的指标看成一个横截面数据。但是高质量发展不仅追求高质量的结果，也追求高质量的发展过程，这是一个长期的动态过程。因此，本书以创新、协调、绿色、开放、共享五大发展理念为指导，从经济增长质量、社会保障与居民生活质量、人口质量、资源利用效率与生态环境质量四个维度构建经济高质量发展的评价指标体系，运用主成分分析法，对我国2000—2019年各地区经济质量发展水平进行横向和纵向分析。高质量发展评价指标体系具体见表2－1。

表2－1 高质量发展评价指标体系

维度	一级指标	二级指标	指标正逆性
经济增长质量	创新与技术进步	R&D 经费占比	正指标
		R&D 人员全时当量	正指标
		万人发明专利授权数	正指标
		技术合同成交额	正指标
		一般公共预算科学技术支出占比	正指标
	经济结构	三产占比	正指标
		进出口总额	正指标
		财政收入/GDP	正指标
	经济增长稳定性	经济增速波动率	逆指标
		消费者物价指数（CPI）	逆指标
		生产者物价指数（PPI）	逆指标
		失业率	逆指标
		金融业增加值/GDP	正指标

续表

维度	一级指标	二级指标	指标正逆性
社会保障与居民生活质量	社会保障水平	社保支出占财政支出比例 城镇低保人数/城镇总人数	正指标 逆指标
	居民生活质量	农村居民人均可支配收入 城镇居民人均可支配收入 农村居民人均消费支出 城镇居民人均消费支出	正指标 正指标 正指标 正指标
	消费升级	人均交通通信消费支出 人均教育文化娱乐消费支出 人均医疗支出	正指标 正指标 正指标
人口质量	人口规模与结构	出生率 常住人口城镇化率	正指标 正指标
	人口素质	劳动年龄人口占比 大专及以上学历占比	正指标 正指标
资源利用效率与生态环境质量	能源效率	单位 GDP 能耗	逆指标
	环境质量	省会城市空气质量优良天数 生活垃圾无害化处理率 工业固体废物利用率	正指标 正指标 正指标
	绿色与环保	森林覆盖率 城市建成区绿化覆盖率	正指标 正指标

2.2 高质量发展水平的测度

2.2.1 数据来源与处理

根据前面所建立的指标体系，选取 2000—2019 年我国 31 个地区的相关数据，本书数据不含港澳台地区的数据。各指标的原始数据均来自

《中国环境统计年鉴》《中国环境年鉴》《中国科技统计年鉴》《中国农村贫困监测报告》《中国农村统计年鉴》以及各地区的统计年鉴等。

因为各指标的量纲是不同的，而在高质量评价中用到的指标应该是正向的、标准化的，所以必须对原始数据进行去量纲的处理。选取的指标中有正指标、逆指标和适中指标三种类型。其中，正指标表示指标值越大越好，逆指标表示指标值越小越好，而适中指标表示越接近某个适中值越好。常见的去量纲方法有归一化法、规格化变换法、Z – score 变换法、比重化法等。本书采取以下方法进行去量纲处理，具体操作如下：

$$正指标: r_{ij} = \frac{x_{ij} - \min(x_{ij})}{\max(x_{ij}) - \min(x_{ij})}$$

$$逆指标: r_{ij} = \frac{\max(x_{ij}) - x_{ij}}{\max(x_{ij}) - \min(x_{ij})}$$

式中，r_{ij} 表示去量纲和标准化后的数据，在 0 到 1 之间取值；x_{ij} 表示相关指标的原始数据，其中 i 表示第 i 个区域，j 表示第 j 个指标。经过去量纲处理后的 r_{ij} 值越大，说明一个地区的经济质量水平越高。

2.2.2　从各维度对经济高质量发展水平进行分项评估

首先将 31 个地区每一年的高质量指标看成一个横截面数据，从经济增长质量、社会保障与居民生活质量、人口质量、资源利用效率与生态环境质量四个维度进行分项研究。研究过程中会用到主成分分析法，下面对该方法进行简要介绍。

主成分分析法最早由霍特林（Hotelling）于 1933 年提出，该方法使用少数变量来代替原有的多个相关性变量，从而避免了信息的重叠，是一种应用广泛的降维方法。

设研究中涉及 P 个指标，用 $X_1, X_2, \cdots, X_p$ 表示，这些指标构成一个

随机向量 $X = (X_1, X_2, \cdots, X_p)^T$。假定存在二阶矩，其均值为 μ，协方差矩阵为 Σ。主成分分析法的核心思想是用新的主成分变量 $Y = (Y_1, Y_2, \cdots, Y_p)^T$ 来代替原有变量 $X = (X_1, X_2, \cdots, X_p)^T$，具体表示如下：

$$\begin{cases} Y_1 = a_{11}X_1 + a_{12}X_2 + \cdots + a_{1p}X_p = A_1^T X \\ Y_2 = a_{21}X_1 + a_{22}X_2 + \cdots + a_{2p}X_p = A_2^T X \\ \cdots\cdots\cdots\cdots \\ Y_p = a_{p1}X_1 + a_{p2}X_2 + \cdots + a_{pp}X_p = A_p^T X \end{cases}$$

易见，$\mathrm{Var}(Y_i) = A_i^T \Sigma A_i$，$\mathrm{Cov}(Y_i, Y_j) = A_i^T \Sigma A_j$，$i,j = 1,2,\cdots,p$。

考虑到线性变换是为了让新变量尽可能多地反映原始信息，避免损失重要信息，因此，要满足 $\mathrm{Var}(Y_i)$ 达到最大，且 $\mathrm{Cov}(Y_i, Y_j) = 0$。其中 $\mathrm{Var}(Y_1)$ 达到最大，此时 Y_1 就表示第一主成分。如果第一主成分无法较好地反映原始信息，考虑引入 Y_2，需满足 $\mathrm{Var}(Y_1)$ 达到最大，且 $\mathrm{Cov}(Y_1, Y_2) = 0$，所求的 Y_2 即为第二主成分。同样可以定义第三主成分、第四主成分等。一般地，第 k 个主成分为：

$$Y_k = \gamma_{1k}X_1 + \gamma_{2k}X_2 + \cdots + \gamma_{pk}X_p, k = 1,2,\cdots,p$$

对协方差矩阵 Σ 求解特征值和特征向量，特征值从大到小记为 $\lambda_1 \geq \lambda_2 \geq \cdots \geq \lambda_p \geq 0$，其对应的特征向量为 $\gamma_1, \gamma_2, \cdots, \gamma_p$。

令 $a_k = \dfrac{\lambda_k}{\lambda_1 + \lambda_2 + \cdots + \lambda_p}$ 表示第 k 个主成分 Y_k 的方差贡献率，其中特征值 λ_k 表示 Y_k 的最大方差值，$\dfrac{\sum\limits_{i=1}^{n} \lambda_i}{\sum\limits_{i=1}^{p} \lambda_i}$ 表示主成分 $Y_1, Y_2, \cdots, Y_n$ 的累计方差贡献率。通过查阅相关文献发现，一般提取使得累计方差贡献率达到 85% 的前 n 个主成分时，能够很好地反映原始信息，聚类结果达

到较好状态，此处选取主成分 $Y_1, Y_2, \cdots, Y_n$。

提取相关主成分之后，使用每个主成分的方差贡献率与累计方差贡献率的比值作为权重进行加权，得到最终的综合得分，即：

$$Y = \frac{\sum_{i=1}^{n} a_i Y_i}{\sum_{i=1}^{p} a_i}$$

本书利用主成分分析法，对我国 31 个地区 2000—2019 年经济增长质量、社会保障与居民生活质量、人口质量、资源利用效率与生态环境质量四个维度进行高质量评价。前面提到高质量发展不仅追求高质量的结果，也追求高质量的发展过程，这是一个长期的动态过程，因此对2000—2019 年 31 个地区得到的得分以五年为一个时间段，取各年平均值，研究高质量经济发展随时间段的变化趋势，结果分别见表 2 - 2、表 2 - 4、表 2 - 6 和表 2 - 8。表 2 - 2 代表经济增长质量维度平均得分及排序，表 2 - 4 代表社会保障与居民生活质量维度平均得分及排序，表 2 - 6 代表人口质量维度平均得分及排序，表 2 - 8 代表资源利用效率与生态环境质量维度平均得分及排序。其中，得分 1、得分 2、得分 3、得分 4 分别表示 2000—2004 年的平均得分、2005—2009 年的平均得分、2010—2014 年的平均得分、2015—2019 年的平均得分，排名 1、排名 2、排名 3、排名 4 分别表示 2000—2004 年平均得分的排名、2005—2009年平均得分的排名、2010—2014 年平均得分的排名、2015—2019 年平均得分的排名。

表 2 - 2　中国各地区经济增长质量维度平均得分及排序

地区	得分 1	得分 2	得分 3	得分 4	排名 1	排名 2	排名 3	排名 4
北京	4. 388 2	5. 462 6	6. 169 1	7. 196 4	1	1	1	1
天津	2. 201 8	2. 968 2	3. 442 1	3. 959 2	4	3	3	4

续表

地区	得分1	得分2	得分3	得分4	排名1	排名2	排名3	排名4
河北	1.203 8	1.321 9	1.318 7	1.769 6	25	27	29	27
山西	1.403 6	1.633 4	1.663 1	1.987 2	13	12	14	17
内蒙古	1.210 6	1.314 3	1.396 8	1.758 8	24	28	22	28
辽宁	1.555 0	1.921 5	2.048 5	2.278 7	10	8	9	12
吉林	1.395 5	1.490 8	1.355 3	1.772 9	14	17	24	25
黑龙江	1.132 3	1.342 1	1.380 4	1.705 0	29	26	23	31
上海	3.006 9	4.221 8	4.925 4	5.589 9	2	2	2	2
江苏	1.685 5	2.480 1	3.064 2	3.750 4	7	6	6	5
浙江	1.686 3	2.665 6	3.086 3	3.683 4	6	5	5	6
安徽	1.169 4	1.470 6	1.649 4	2.464 3	28	20	15	11
福建	1.636 1	1.993 4	2.081 5	2.502 2	8	7	7	9
江西	1.230 3	1.292 2	1.320 7	1.961 5	22	29	28	18
山东	1.448 9	1.777 9	2.068 9	2.512 9	11	9	8	8
河南	1.125 7	1.215 0	1.307 3	1.826 9	30	31	30	20
湖北	1.295 9	1.546 6	1.672 9	2.586 8	21	14	13	7
湖南	1.217 9	1.367 8	1.323 1	1.898 9	23	24	26	19
广东	2.202 1	2.903 3	3.277 7	4.047 8	3	4	4	3
广西	1.178 1	1.350 8	1.347 1	1.713 2	26	25	25	30
海南	1.122 9	1.546 7	1.836 4	2.147 9	31	13	11	15
重庆	1.593 6	1.710 7	1.959 1	2.500 1	9	10	10	10
四川	1.378 0	1.471 3	1.480 4	2.160 0	16	19	19	14
贵州	1.319 1	1.487 7	1.554 8	1.818 6	19	18	16	22
云南	1.361 6	1.516 7	1.437 3	1.780 1	17	16	20	24
西藏	1.173 0	1.379 7	1.515 5	1.770 4	27	23	18	26
陕西	1.699 3	1.677 8	1.719 7	2.265 4	5	11	12	13
甘肃	1.394 7	1.442 0	1.322 4	1.821 1	15	21	27	21
青海	1.415 4	1.267 7	1.195 1	1.725 1	12	30	31	29
宁夏	1.338 4	1.545 9	1.549 0	2.058 1	18	15	17	16
新疆	1.312 0	1.425 4	1.431 4	1.782 6	20	22	21	23

经济增长质量方面，2000—2019 年中国 31 个地区平均得分呈现出逐年上升的态势，说明我国经济增长质量总体水平稳步提升。经济得分原始表格中各地区 2007 年的得分显著高于 2008 年、2009 年的得分，究其原因，可能是 2008 年的金融危机。从得分排名情况来看，北京和上海在历年经济增长得分排名中始终居于前两名的位置，明显高于其他地区的经济发展水平，属于我国经济增长质量水平的第一梯队，起到一定的引领和模范作用。天津、广东、江苏、浙江、福建、山东、重庆等地区历年来经济发展水平也相对较好，排名处在 3 到 10 名之间，属于我国经济增长质量水平的第二梯队，但相较于北京、上海仍有较大差距。历年来排名相对靠后的几个地区是广西、河南和青海，经济发展状况处在全国的末位，虽然这些地方的经济比较落后，但是得分情况呈现出一个递增的趋势，可见我国各地区经济发展水平的差距正在不断缩小。剩下的大部分地区经济发展处在中游水平，有很大的进步空间。这一结果和我国经济发展水平的实际情况基本吻合。

从纵向排名波动情况来看，各地区又可以被划分为三组，分别是排名上升组、排名稳定组和排名下降组。结果见表 2 – 3。

表 2 – 3　平均得分排名升降分组

排名上升组	江苏、安徽、江西、山东、河南、湖北、湖南、四川、海南
排名稳定组	北京、天津、上海、浙江、福建、重庆、广东、西藏、宁夏、新疆、辽宁
排名下降组	河北、山西、内蒙古、吉林、黑龙江、广西、贵州、云南、陕西、甘肃、青海

第一组是排名上升组，包括江苏、安徽、江西、山东、河南、湖北、湖南、四川、海南等地区，这些地区以南方地区居多，排名有所上升。湖北从最初的第 21 名上升到第 7 名，海南从最初的第 31 名上升到

第15名，增长非常明显，经济增长质量发展上成效显著。第二组是排名稳定组，包括北京、天津、上海、浙江、福建、重庆、广东等地区，这些地区的得分排名波动不大，且经济发展水平高于其他地区，大部分属于我国经济增长质量水平的第一和第二梯队。第三组是排名下降组，主要有河北、山西、内蒙古、吉林、黑龙江等地区，这些地区大部分为北方地区。吉林从最初的第14名下降到第25名；甘肃的排名分别为15、21、27、21，经历了从中间水平到中下水平再到中间水平的变化过程；青海的排名分别为12、30、31、29，经历了从中上水平到下游水平的变化过程。从中可以看出，这些地区的经济增长波动幅度较大，近几年的经济发展水平有待提高。可以发现，排名上升组主要包括我国南方的一些地区，排名下降组主要涉及我国北方的一些地区。南方地区民营经济更为发达，市场经济发育更加完善，居民更加具有创造力，敢于自己创业，拥有更多的机遇；而北方地区仍受到传统计划经济思想的束缚，居民更加安于现状，缺乏创新思维，导致民营经济不够发达，对排名产生了不利影响。

表 2-4 中国各地区社会保障与居民生活质量维度平均得分及排序

地区	得分1	得分2	得分3	得分4	排名1	排名2	排名3	排名4
北京	1.560 6	2.639 9	3.900 5	5.624 7	1	2	2	2
天津	0.966 9	1.859 6	3.044 7	4.402 8	6	5	5	4
河北	0.661 9	1.242 8	1.980 6	3.039 6	9	9	14	15
山西	0.523 9	0.995 6	1.735 5	2.794 3	21	22	23	27
内蒙古	0.544 6	1.128 0	2.177 5	3.357 1	17	14	10	11
辽宁	0.524 8	1.231 3	2.261 9	3.539 5	20	10	9	8
吉林	0.357 3	0.872 2	1.872 5	2.979 2	31	26	19	19
黑龙江	0.475 4	0.906 0	1.657 2	2.844 7	24	25	26	23
上海	1.503 4	2.766 8	4.092 7	5.764 1	2	1	1	1

续表

地区	得分1	得分2	得分3	得分4	排名1	排名2	排名3	排名4
江苏	0.971 2	1.831 7	3.006 3	4.188 4	5	6	6	5
浙江	1.380 3	2.494 4	3.609 4	4.959 9	3	3	3	3
安徽	0.520 4	1.110 6	1.987 8	3.005 8	22	15	13	17
福建	0.932 5	1.734 2	2.690 0	3.680 5	7	7	7	7
江西	0.457 4	0.968 8	1.705 3	2.733 4	26	23	25	28
山东	0.801 2	1.585 3	2.390 8	3.424 3	8	8	8	9
河南	0.580 2	1.077 8	1.866 8	2.836 1	14	17	20	24
湖北	0.550 7	1.044 3	1.889 8	3.183 7	16	19	18	12
湖南	0.649 4	1.159 8	2.007 0	3.381 0	11	13	12	10
广东	1.265 2	2.214 6	3.131 2	4.009 9	4	4	4	6
广西	0.657 9	1.189 2	1.936 8	2.807 1	10	12	16	25
海南	0.637 4	1.108 0	1.901 8	2.995 3	13	16	17	18
重庆	0.539 2	1.190 5	2.048 7	3.161 1	18	11	11	13
四川	0.491 8	1.024 3	1.821 2	3.035 3	23	20	21	16
贵州	0.538 2	0.914 5	1.611 5	2.696 5	19	24	27	29
云南	0.639 1	1.000 7	1.730 5	2.805 0	12	21	24	26
西藏	0.473 6	0.828 3	1.182 6	2.299 6	25	28	31	31
陕西	0.580 1	1.058 8	1.939 4	2.972 6	15	18	15	20
甘肃	0.408 3	0.645 7	1.250 3	2.537 6	28	30	30	30
青海	0.370 5	0.619 9	1.378 1	2.889 8	30	31	29	22
宁夏	0.407 7	0.851 8	1.805 4	3.078 3	29	27	22	14
新疆	0.445 5	0.716 7	1.402 2	2.899 0	27	29	28	21

社会保障与居民生活质量方面，从得分情况来看，2000—2019 年我国 31 个地区的平均得分一直保持上升趋势，上升幅度非常明显，表明近几年中国居民的生活质量得到很大程度的保障。从得分排名情况来看，北京前 5 年的得分排在全国第 1 位，略高于上海，而在之后的 15 年里，上海平均得分始终高于北京，排在全国第 1 位。近 15 年，上海

在民生高质量发展方面取得显著成效，北京和上海排名保持在全国前两名，明显高于我国其他地区。经济增长排名为 5 到 6 名的浙江，在社保方面一直排在全国第 3 位，说明该地区更加注重社会民生方面的建设。排在之后的广东、江苏、天津这三个地区，排名位列全国前 6 位，社会保障和居民生活质量发展水平较高，人民幸福感强。值得一提的是，在经济增长质量方面表现较差的河北、内蒙古、湖南等地区，在社会保障与居民生活质量方面有较好的表现，2000—2019 年河北的排名分别为 9、9、14、15，内蒙古的排名分别为 17、14、10、11，湖南的排名分别为 11、13、12、10，这几个地区均处于中间偏上水平，这可能得益于这些地区相关政策的有效实施。西藏、甘肃、青海这三个地区的排名处在全国末位，这些地区是我国西部大开发工程中所包括的其中三个地区，经济发展水平不高，在社会保障与居民生活质量方面投入较少。

从纵向排名波动情况来看，各地区又可以被划分为排名上升组、排名稳定组和排名下降组三类。结果见表 2 - 5。

表 2 - 5　平均得分排名升降分组

排名上升组	天津、内蒙古、辽宁、吉林、安徽、湖北、四川、青海、宁夏、新疆
排名稳定组	北京、黑龙江、上海、江苏、浙江、福建、江西、山东、湖南、重庆、广东、陕西、甘肃
排名下降组	河北、山西、河南、广西、海南、贵州、云南、西藏

第一组是排名上升组，包括天津、内蒙古、辽宁、吉林、安徽、湖北、四川、青海、宁夏、新疆等地区，主要集中在我国的东北地区和西北地区。吉林从最初的第 31 名上升到第 19 名，宁夏从最初的第 29 名上升到第 14 名，进步非常明显。这些地区的社会保障与居民生活质量提升成效显著。第二组是排名稳定组，包含我国 13 个地区，如北京、黑龙江、上海、江苏、浙江、福建等，得分排名波动不大，且民生发展

水平高于其他地区。第三组是排名下降组，主要有河北、山西、河南、广西等地区。相比于经济发展层面，排名下降组包含的地区更少，说明我国大部分地区在社会保障与居民生活质量方面做得比较好。河北从最初的第9名下降到第15名；河南的排名分别为14、17、20、24，经历了从中间水平到中下水平的变化；广西的排名分别为10、12、16、25，经历了从中上水平到中间水平再到中下水平的变化。这说明这些地区排名的波动幅度较大，近几年的民生发展水平有待改进。

表 2-6　中国各地区人口质量维度平均得分及排序

地区	得分1	得分2	得分3	得分4	排名1	排名2	排名3	排名4
北京	1.743 2	2.131 0	2.393 2	2.387 7	1	1	1	1
天津	1.407 5	1.719 1	1.940 2	1.984 8	3	3	3	3
河北	0.619 1	0.921 6	1.023 1	1.040 7	20	16	21	21
山西	0.688 1	0.963 4	1.219 1	1.312 0	15	14	13	11
内蒙古	0.895 6	1.163 6	1.410 7	1.506 3	8	9	9	5
辽宁	1.134 3	1.353 7	1.613 3	1.512 8	4	4	4	4
吉林	1.101 0	1.272 2	1.368 1	1.317 7	6	5	10	10
黑龙江	1.108 6	1.258 5	1.433 8	1.411 5	5	6	6	9
上海	1.523 6	2.017 2	2.185 9	2.051 7	2	2	2	2
江苏	0.821 6	1.131 1	1.414 1	1.416 6	9	10	8	8
浙江	0.946 3	1.222 3	1.545 7	1.457 0	7	7	5	7
安徽	0.546 6	0.696 5	0.984 4	1.005 2	24	25	22	25
福建	0.784 3	1.006 1	1.320 0	1.307 0	11	13	11	12
江西	0.568 8	0.723 0	0.953 8	1.010 9	23	24	25	24
山东	0.648 1	1.026 7	1.149 5	1.129 8	19	11	15	18
河南	0.484 3	0.734 4	0.876 6	0.901 3	27	23	27	28
湖北	0.751 5	1.008 1	1.253 4	1.262 2	12	12	12	14
湖南	0.650 2	0.852 5	0.977 4	1.031 6	18	20	23	23

地区	得分 1	得分 2	得分 3	得分 4	排名 1	排名 2	排名 3	排名 4
广东	0.789 0	1.214 9	1.433 2	1.475 3	10	8	7	6
广西	0.539 6	0.652 4	0.822 2	0.867 5	25	28	29	29
海南	0.471 7	0.864 9	1.101 8	1.188 3	28	19	18	17
重庆	0.706 5	0.848 1	1.141 4	1.211 0	13	21	16	16
四川	0.616 6	0.686 3	0.939 2	0.998 5	21	26	26	26
贵州	0.390 5	0.413 4	0.705 3	0.807 6	30	31	30	30
云南	0.435 3	0.614 6	0.871 4	0.990 2	29	29	28	27
西藏	0.292 5	0.521 9	0.581 7	0.667 6	31	30	31	31
陕西	0.671 8	0.933 1	1.216 0	1.288 8	16	15	14	13
甘肃	0.519 4	0.675 3	0.977 4	1.035 2	26	27	23	22
青海	0.656 4	0.847 9	1.091 2	1.129 4	17	22	19	19
宁夏	0.610 8	0.876 7	1.108 9	1.220 5	22	17	17	15
新疆	0.688 4	0.872 8	1.076 8	1.064 9	14	18	20	20

人口质量方面，2000—2019 年中国部分地区平均得分呈现出先上升再下降的趋势，与经济增长维度和社会保障层面的稳步增长不同，该原始得分在 2013 年达到峰值，之后有所降低。分析其原因，2013 年以后我国逐渐进入人口老龄化阶段，导致该项指标有所下降。从得分排名情况来看，北京 20 年来在人口质量方面平均得分排名一直位列全国第一，高于其他地区，这是由于北京是我国的经济、政治和文化中心，拥有全国范围内最多的高等院校和研究所，为培养高素质、高学历人才提供了优越的先天条件。紧随其后的是上海、天津、辽宁，分别稳居我国第 2 名、第 3 名和第 4 名。可以看出，北京、上海、天津、辽宁是我国培养高质量人才的重要基地，这些地方高等院校众多，师资力量雄厚，在人才培养上走在全国的前列。而广西、贵州、云南、西藏等地区在人口质量方面得分很低，排在全国的末位，所以这些地区应该加大人才培

养力度，加快建设基础设施，促进该地区的人口质量发展。黑龙江在经济增长维度和社会保障维度的排名分别处在全国末位和中下游，但是在人口质量发展方面处在全国前列，可以看出黑龙江更加注重人才的培养，而忽略了经济和社会上的发展，因此今后应该把更多精力放在经济和社会发展上。

从纵向排名波动情况来看，各地区又可以被划分为排名上升组、排名稳定组和排名下降组三类。结果见表2-7。

表2-7　平均得分排名升降分组

排名上升组	山西、内蒙古、广东、海南、云南、陕西、甘肃、宁夏
排名稳定组	北京、天津、河北、辽宁、上海、江苏、浙江、安徽、福建、江西、山东、河南、贵州、西藏、青海
排名下降组	吉林、黑龙江、湖北、湖南、广西、重庆、四川、新疆

表2-8　中国各地区资源利用效率与生态环境质量维度平均得分及排序

地区	得分1	得分2	得分3	得分4	排名1	排名2	排名3	排名4
北京	1.542 6	1.834 3	1.915 3	1.798 2	11	8	10	10
天津	1.323 6	1.739 7	1.608 3	1.431 9	19	11	24	26
河北	1.238 2	1.530 2	1.578 8	1.440 4	21	23	25	25
山西	0.852 9	1.229 9	1.508 0	1.356 8	30	27	26	27
内蒙古	1.083 7	1.414 6	1.623 3	1.462 5	27	25	23	23
辽宁	1.431 7	1.664 4	1.790 9	1.634 1	17	16	12	18
吉林	1.581 1	1.680 8	1.711 9	1.693 7	9	15	18	12
黑龙江	1.477 0	1.650 0	1.707 4	1.665 2	14	21	19	16
上海	1.219 1	1.650 3	1.640 5	1.537 3	22	20	22	20
江苏	1.616 0	1.835 1	1.738 9	1.577 4	8	7	16	19
浙江	1.978 8	2.180 1	2.156 2	1.990 6	2	2	3	4
安徽	1.382 7	1.651 1	1.756 0	1.665 4	18	19	13	15
福建	2.041 7	2.252 4	2.284 2	2.137 8	1	1	1	1

地区	得分1	得分2	得分3	得分4	排名1	排名2	排名3	排名4
江西	1.712 0	2.012 8	2.157 2	2.003 3	6	5	2	2
山东	1.553 9	1.730 9	1.702 6	1.464 5	10	12	20	21
河南	1.495 0	1.618 9	1.646 6	1.463 0	13	22	21	22
湖北	1.474 3	1.651 3	1.725 9	1.677 1	15	18	17	13
湖南	1.522 5	1.802 3	1.945 7	1.857 6	12	10	8	8
广东	1.831 2	2.051 8	2.061 5	1.963 3	4	4	6	6
广西	1.740 7	1.932 0	2.084 0	1.978 3	5	6	5	5
海南	1.915 2	2.113 1	2.149 8	1.991 2	3	3	4	3
重庆	1.179 0	1.696 9	1.931 4	1.802 8	23	14	9	9
四川	1.466 6	1.709 0	1.749 9	1.635 2	16	13	14	17
贵州	1.165 4	1.470 7	1.748 8	1.764 3	24	24	15	11
云南	1.642 3	1.824 5	1.987 6	1.892 1	7	9	7	7
西藏	0.882 7	1.280 8	1.491 5	1.444 3	28	26	27	24
陕西	1.302 7	1.654 9	1.828 3	1.672 9	20	17	11	14
甘肃	0.855 6	1.038 1	1.199 2	1.249 9	29	31	31	29
青海	1.101 8	1.211 9	1.332 6	1.238 8	25	28	29	30
宁夏	0.716 3	1.183 3	1.457 5	1.283 7	31	29	28	28
新疆	1.089 9	1.178 9	1.322 6	1.199 8	26	30	30	31

　　资源利用效率与生态环境质量方面，从整体来看，大部分地区得分相比2000年都是上升的，且20年来该得分值普遍较高，表明更多的地区开始注重绿色节能发展。在2012年之前，各地区的空气优良天数一直很多，但是该得分在2013年有明显降低，这是因为自从2013年大众关注空气质量后，对这项指标的监测更加严格。从得分排名情况来看，福建稳居全国首位，得分明显高于其他地区。从福建的三大产业发展情况来看，第一产业比重有所降低，第三产业比重日益增加，结构趋向合理化。说到福建，最先想到的就是厦门和福州，这两个城市连续多年入

选全国空气质量前十名。福建省林业局公布的数据显示，福建森林覆盖率达到 65% 以上，已经连续几十年位列全国首位，这使得福建的空气质量常年居我国第一位。浙江、海南、广东、广西、江西这几个地区排在福建之后，位于全国前列。而排在全国末位的是新疆、宁夏、甘肃、青海四个地区，这些地区本身的资源和生态环境不错，应该更加重视生态环境的保护，坚决淘汰高污染、高能耗企业，做到"绿水青山就是金山银山"。通过经济增长质量、社会保障与居民生活质量、人口质量、资源利用效率与生态环境质量四个维度的横向比较发现，北京、上海、天津这三个城市在经济、社会和人口方面表现非常好，但是在资源利用效率与生态环境质量方面排名并不理想，北京的排名分别为 11、8、10、10，上海的排名分别为 22、20、22、20，天津的排名分别为19、11、24、26。这些地区过于重视经济、社会等方面的发展，大力发展重工业，而忽视了对资源的利用和生态环境的保护，使得环境污染现象越发严重，所以这些地区应该推动经济社会与生态环境协调发展。

从纵向排名波动情况来看，各地区又可以被划分为排名上升组、排名稳定组和排名下降组三类。结果见表 2-9。

表 2-9 平均得分排名升降分组

排名上升组	山西、内蒙古、安徽、江西、湖北、湖南、重庆、贵州、西藏、陕西、宁夏
排名稳定组	北京、辽宁、黑龙江、福建、广西、海南、四川、云南、甘肃、上海
排名下降组	天津、河北、吉林、江苏、浙江、山东、河南、广东、青海、新疆

2.2.3 经济高质量发展水平综合评价

从经济高质量发展水平的四个维度进行评价，可以发现，北京和上海在经济增长质量、社会保障与居民生活质量和人口质量三个方面处在全国前两位，而福建在资源利用效率与生态环境质量方面处在全国首位。下面对经济高质量发展水平进行综合评价，具体得分及排名见表2-10。

表2-10 中国各地区经济高质量发展水平平均得分及排序

地区	得分1	得分2	得分3	得分4	排名1	排名2	排名3	排名4
北京	7.520 5	10.477 4	12.492 1	14.974 7	1	1	1	1
天津	4.613 4	6.990 0	8.553 9	10.227 7	3	5	4	3
河北	2.689 2	4.044 4	4.654 5	5.929 0	21	18	21	22
山西	2.664 8	3.975 5	4.899 2	6.133 3	22	20	17	20
内蒙古	2.765 9	4.078 7	5.285 7	6.660 8	18	17	12	12
辽宁	3.398 4	5.047 2	6.231 9	7.378 4	8	8	8	8
吉林	3.117 5	4.237 8	4.944 0	6.180 8	11	13	16	19
黑龙江	2.956 5	4.104 3	4.818 6	6.065 3	13	15	18	21
上海	5.887 7	9.245 6	11.212 6	13.197 6	2	2	2	2
江苏	3.734 0	6.041 3	7.723 5	9.323 6	7	6	6	6
浙江	4.333 8	7.111 2	8.591 7	10.133 2	5	3	3	4
安徽	2.519 1	3.926 5	5.004 5	6.578 2	26	21	15	14
福建	3.763 0	5.601 2	6.583 9	7.648 6	6	7	7	7
江西	2.646 4	3.836 2	4.526 0	5.905 3	23	24	25	23
山东	3.183 3	5.000 5	5.927 7	7.103 9	9	9	9	10
河南	2.513 4	3.670 7	4.426 9	5.661 9	27	25	26	27
湖北	2.871 6	4.207 2	5.163 4	7.107 0	14	14	14	9
湖南	2.810 8	4.092 5	4.769 2	5.463 7	15	16	19	16
广东	4.504 0	6.991 6	8.173 5	9.572 6	4	4	5	5
广西	2.767 7	4.001 2	4.631 3	5.600 8	17	19	23	28
海南	2.700 8	4.388 5	5.340 2	6.500 8	20	10	11	15
重庆	2.997 7	4.379 8	5.562 4	6.982 5	12	11	10	11
四川	2.764 1	3.863 3	4.634 9	6.299 4	19	23	22	18
贵州	2.449 3	3.406 2	4.290 2	5.492 0	28	28	27	29

续表

地区	得分1	得分2	得分3	得分4	排名1	排名2	排名3	排名4
云南	2.797 0	3.878 7	4.528 4	5.756 3	16	22	24	26
西藏	2.068 2	3.216 8	3.627 3	4.859 8	31	29	31	31
陕西	3.133 6	4.278 4	5.257 5	6.620 8	10	12	13	13
甘肃	2.415 6	3.108 5	3.772 4	5.442 9	29	31	30	30
青海	2.598 4	3.164 6	3.928 6	5.776 4	24	30	29	24
宁夏	2.382 5	3.656 2	4.742 6	6.375 2	30	26	20	17
新疆	2.595 2	3.410 1	4.161 9	5.772 1	25	27	28	25

从表2-10中可以看出，我国31个地区得分呈现出逐年上升的态势，表明我国经济高质量发展水平稳步提升。作为我国经济、政治、文化的中心，北京得分一直稳居全国第一位。紧接着是上海、天津、广东、浙江，这几个地区在近20年的高质量发展评价中排名靠前。接下来是江苏、福建、辽宁、山东，这些地区的高质量发展水平也相对较高。而排名比较靠后的地区有甘肃、西藏、青海，这些排名落后的地区应该及时发现问题并纠正，补齐短板，促使经济朝着高质量方向发展。

3

中国R&D投入产出对经济增长的影响

改革开放以来，我国经济正式进入飞跃时期，尤其是 2001 年中国加入世界贸易组织（WTO）后，我国一举成为世界经济大国。然而，机遇与挑战并存，2008 年的金融危机对世界经济造成重创。一个国家要想在危机中保持稳定健康的发展，要想在危机中茁壮成长，就需要技术创新。2015 年 5 月，国务院发布《中国制造 2025》，明确了科技发展的整体目标，推动我国制造业的全力发展。随着科技创新人才的增多，2000—2019 年中国的专利授权数呈现快速上升的趋势，同时技术市场的成交额也不断增多。鉴于发明专利的科技含量很高，技术市场成交额又是国内外知识外溢流通的表现，两者均具有非常好的国际可比性，因而都是衡量科技产出的重要指标。研究与发展（research and development，R&D）活动的核心是 R&D 资源投入与产出效率。为了衡量一个国家的科技创新实力和核心竞争力，国际上通常采用 R&D 投入产出的规模和强度作为度量依据[①]。

早期 R&D 活动都由政府投资、由研发机构和高校来执行。姚洋和章奇（2001）利用随机前沿生产函数研究发现，公共研究机构的 R&D 支出对企业的产出效率有负向影响，但企业的 R&D 支出对本身的产出

---

① 郭琦. 国家科技创新政策演变过程及实施效果评价研究［D］. 太原：山西财经大学，2018.

效率却是有益的①。赵喜仓和陈海波（2003）利用因子分析法对 2000 年我国 R&D 状况进行了区域比较分析，提出我国的 R&D 投入产出率与区域的经济水平有着明显的趋同性②。郭妍和张立光（2014）以 1998—2012 年的省际面板数据为样本分析我国环境规制对 R&D 投入的影响。由于技术进步是现代经济增长内生演化的动力，随着企业意识到 R&D 活动是技术进步的主要来源，越来越多的企业开始进行研究与开发活动，促进产品创新和工艺创新，推动经济可持续增长③。吴延兵（2008）结合混合 OLS、固定效应法和一阶差分法等不同的估计方法，发现企业的技术、规模、结构都会影响 R&D 产出弹性④。金圣贤（2020）指出，目前中国出现了 R&D 投入增加但全要素生产率增长率反而下降的现象，需要警惕陷入"创新悖论"的旋涡⑤。安同良和千慧雄（2021）从技术外溢视角出发，给出了 R&D 补贴的经济阈限、R&D 补贴的最优规模和实施 R&D 补贴的有效模式。国外对 R&D 的相关研究较早，包括 R&D 投入对全要素生产率的增长的影响（Guellec & Potterie，2004；Sammi & Alerasoull，2009；Coe & Helpman，2009）、R&D 投入对经济增长的区域差异（Lichtenberg，1992；Davide et al，2019）、政府 R&D 补贴对企业 R&D 投入的影响（Marino et al，2016）等。

考虑到空间面板数据的特殊性，本章利用 2000—2019 年全国 31 个地区的经济指标（GDP）数据、R&D 投入指标（R&D 经费支出和 R&D 人员全时当量）数据，以及我国科技创新政策下的 R&D 活动产出指标

---

① 姚洋，章奇 . 中国工业企业技术效率分析 [J] . 经济研究，2001（10）：13 – 21.

② 赵喜仓，陈海波 . 我国 R&D 状况的区域比较分析 [J] . 统计研究，2003（3）：38 – 42.

③ 郭妍，张立光 . 环境规制对工业企业 R&D 投入影响的实证研究 [J] . 中国人口资源与环境，2014，24（S3）：104 – 107.

④ 吴延兵 . 中国工业 R&D 产出弹性测算（1993—2002）[J] . 经济学，2008（3）：869 – 890.

⑤ 金圣贤 . 中国研究与开发（R&D）及其效果研究 [D] . 长春：吉林大学，2020：37 – 149.

（发明专利授权数和技术市场成交额），通过空间计量经济学的一些常用方法，研究分析近二十年中国 R&D 投入产出和经济增长之间的关系。

3.1 研究路线

本章的研究路线如图 3-1 所示。

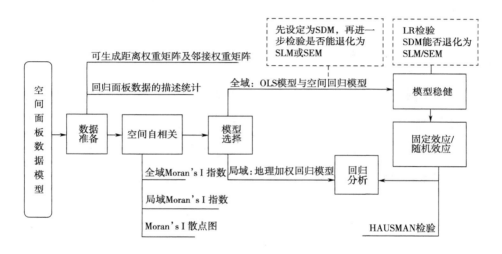

图 3-1 研究路线

3.2 指标选择、数据来源和计量模型

3.2.1 指标选择

根据国家统计局研究与发展指标的分类，R&D 活动可用投入指标

和产出指标来衡量，其中投入指标包括 R&D 人员全时当量（*NUM*）和 R&D 经费支出（*RD*），产出指标包括发明专利授权数（*INV*）和技术市场成交额（*TRAN*），符号见表 3 – 1。

表 3 – 1　各变量名称及其表示

变量名称	表示	单位	变量名称	表示	单位
地区生产总值	*GDP*	亿元	R&D 经费支出	*RD*	亿元
R&D 人员全时当量	*NUM*	万人	发明专利授权数	*INV*	件
技术市场成交额	*TRAN*	亿元			

3.2.2　数据来源

由于部分地区数据缺失，本书仅整理汇总了中国 31 个地区（除去港澳台地区）2000—2019 年的 GDP、R&D 经费支出、R&D 人员全时当量、发明专利授权数和技术市场成交额这五个指标。所有数据均来源于国家统计局网站。

3.2.3　空间计量模型

3.2.3.1　空间误差模型

空间误差模型（Spatial Error Model，SEM）的数学表达式为：

$$y_{it} = \beta x_{it} + \mu_i + \varphi_{it}, i = 1,2,\cdots,N, t = 1,2,\cdots,T \tag{3 – 1}$$

$$\varphi_{it} = \rho \sum_{j=1}^{N} W_{ij}\varphi_{jt} + \varepsilon_{it}, i = 1,2,\cdots,N, t = 1,2,\cdots,T \tag{3 – 2}$$

式中，ρ 为空间自相关系数，反映回归残差之间的空间相关性程度；i 为横截面上的个体；t 为时间序列上的时点；β 为回归系数；φ_{it}、φ_{jt} 为自相关的空间误差；W_{ij} 为空间权重矩阵；y_{it} 为在区域 i、时刻 t 上的被解释变量；x_{it} 为在区域 i、时刻 t 上的解释变量；μ_i 为空间的个体效应，反映不受时间影响的特质；ε_{it} 为与时间、空间都有关系的随机误差项，均值为 0，方差为 σ^2 且独立同分布。

由于 SEM 与时间序列中的序列相关问题类似，因此 SEM 也被称为空间自相关模型（spatial autocorrelation model，SAC）。

3.2.3.2　空间滞后模型

空间滞后模型（spatial lag model，SLM）主要探讨各变量在一个地区是否有扩散现象（溢出效应）。其模型表达式为：

$$y_{it} = \delta \sum_{j=1}^{N} W_{ij} y_{jt} + \beta x_{it} + \mu_i + \varepsilon_{it}, i = 1,2,\cdots,N, t = 1,2,\cdots,T \qquad (3-3)$$

式中，δ 为空间自相关系数，表示空间个体之间的相互作用；其余变量与空间误差模型的变量释义相同。

由于 SLM 与时间序列中的自回归模型相类似，因此 SLM 也被称作空间自回归模型（spatial autoregressive model，SAR）。

3.2.3.3　空间杜宾模型

空间杜宾模型（spatial dubin model，SDM）的数学表达式为：

$$y_{it} = \rho W_1 y_{it} + \beta_1 x_{it} + W_2 \beta_2 x_{it} + \mu_i + \varepsilon_{it}, i = 1,2,\cdots,N, t = 1,2,\cdots,T \quad (3-4)$$

式中，ρ 为空间自相关系数，反映回归残差之间的空间相关性程度；β_1、β_2 为变量的空间自相关系数；W_1 为因变量空间权重矩阵，W_2 为自变量空间权重矩阵，两者可以设置为相同或不同的矩阵；其余变量与空间误差模型的变量释义相同。空间杜宾模型考虑了自变量空间滞后项与因变量之间的相关性，在 LM 检验中一般先默认使用空间杜宾模型。

3.2.3.4 地理加权回归模型

地理加权回归模型（GWR）扩展了普通线性回归。在扩展的 GWR 中，特定区位的回归系数不再是利用全部信息获得的假定常数，而是利用邻近观测值的子样本数据信息进行局域回归估计得到的随着空间上局域地理位置变化而变化的变数。GWR 可以表示为：

$$y_i = \beta_0(u_i, v_i) + \sum_{j=1}^{k} \beta_j(u_i, v_i) x_{ij} + \varepsilon_i \qquad (3-5)$$

式中，β_j 的下标 j 表示与 $m \times 1$ 观测值联系的待估计参数向量，是关于地理位置 (u_i, v_i) 的 $(k+1)$ 元函数；GWR 可以对每个观测值估计出 k 个参数向量的估计值；ε 是第 i 个区域的随机误差，满足零均值、同方差、相互独立等球形扰动假定。

由于极大似然法的解不唯一，因而蒂施莱尼（Tibshirani）和黑斯蒂（Hastie）提出了局域求解法，采用加权最小二乘法来估计参数，权重根据地理空间位置来确定。

3.3 全国层面描述性统计分析

本章整理汇总了中国 31 个地区 2000—2019 年的 R&D 经费支出、R&D 人员全时当量、R&D 占比（R&D 经费支出/GDP）、发明专利授权数和技术市场成交额的基本情况，如表 3-2 和表 3-3 所示。

表 3 - 2   2000—2019 年 R&D 经费支出、R&D 占比与 R&D 人员全时当量

年份	R&D 经费支出（亿元）	R&D 占比（%）	R&D 人员全时当量（万人）
2000	895.9	0.910	92.2
2001	1 043.6	0.961	92.1
2002	1 296.9	1.076	105.2
2003	1 562.5	1.122	106.5
2004	1 966.4	1.173	115.3
2005	2 450.0	1.239	136.5
2006	3 002.8	1.303	150.2
2007	3 710.3	1.346	173.5
2008	4 615.9	1.385	196.5
2009	5 802.0	1.588	229.1
2010	7 062.6	1.616	255.4
2011	8 687.1	1.666	288.3
2012	10 298.7	1.786	324.7
2013	11 846.7	1.868	353.3
2014	13 015.7	1.902	371.1
2015	14 170.0	1.961	375.9
2016	15 676.5	2.010	387.8
2017	17 606.0	2.078	403.4
2018	19 678.1	2.145	438.1
2019	22 143.6	2.247	315.2

从表 3 - 2 可以看出，R&D 经费支出和 R&D 占比呈现逐年递增的趋势。R&D 占比从 2000 年的 0.910% 增加到了 2019 年的 2.247%，可以看出 R&D 经费支出占 GDP 的比重明显增加。总体来看，2019 年的 R&D 经费支出相较于 2000 年增加了近 24 倍，同时 R&D 人员全时当量也大约增长了 2.4 倍。由此可见，近 20 年我国大力投资研究与开发，对研究与开发的重视度不断提高。

表 3 – 3　近 20 年发明专利授权数和技术市场成交额

年份	发明专利授权数（件）	技术市场成交额（亿元）
2000	5 790	650. 8
2001	4 955	782. 8
2002	5 287	884. 2
2003	10 334	1 084. 7
2004	16 262	1 334. 4
2005	18 252	1 551. 4
2006	22 236	1 743. 4
2007	28 181	2 119. 6
2008	40 628	2 523. 0
2009	58 514	2 860. 6
2010	73 820	3 629. 4
2011	105 824	4 463. 8
2012	137 153	5 841. 1
2013	138 337	7 119. 0
2014	157 795	8 073. 4
2015	256 400	9 368. 3
2016	294 817	10 930. 9
2017	320 242	12 920. 6
2018	339 615	17 137. 2
2019	35 4111	21 749. 2

　　我国的发明专利授权数和技术市场成交额反映了 R&D 活动的产出情况。表 3 – 3 显示，专利数量和科创金额逐年递增，这与中国近年来科技成果数量爆发式增长的事实相匹配，直接反映出我国研究与开发的产出效率不断提高。

　　图 3 – 2 至图 3 – 5 更加直观清晰地反映了 2000—2019 年我国 R&D 活动的产出现状。

　　图 3 – 2 表明，2000—2019 年，我国的 R&D 经费支出规模不断扩大。图 3 – 3 表明，R&D 占比不断增加，但在 2000—2019 年，R&D 占比的增长率却是有高有低的，没有明显清晰的趋势。图 3 – 4 反映了我国 R&D 经费

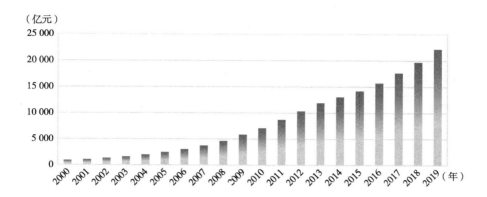

图 3-2 2000—2019 年 R&D 经费支出

图 3-3 2000—2019 年 R&D 占比与 R&D 占比增长率

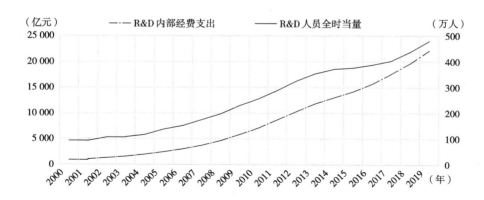

图 3-4 2000—2019 年 R&D 经费支出与 R&D 人员全时当量

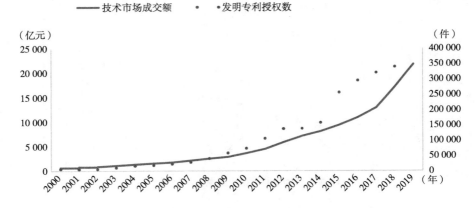

图 3 – 5　2000—2019 年发明专利授权数、技术市场成交额

支出与 R&D 人员全时当量均以不断上升的势头发展。图 3 – 5 则展示了我国发明专利授权数、技术市场成交额在近 20 年中的爆炸式增长，这与我国创新性国家战略的提出和实施及 R&D 经费的大规模支出是密不可分的。

3.4　省域层面描述性统计分析

上述宏观分析表明我国 R&D 投入产出是以稳步上升的趋势发展的。中国作为一个大国，幅员辽阔，不同的地区拥有不同的资源条件，从而导致经济发展具有很大的差异性，仅仅从整体来分析 R&D 的投入产出现状是片面的，因此需要通过分析我国不同地区的 R&D 投入产出，来探讨我国的 R&D 活动现状在各地区的差异性，从而对我国的 R&D 投入产出有更加透彻的认识和理解。本节整理汇总了 2000—2019 年我国 31 个地区的 R&D 活动情况，如表 3 – 4 所示。

单位：%

表 3 - 4 2000—2019 年各地区 R&D 占比

年份	北京	天津	河北	山西	内蒙古	辽宁	吉林	黑龙江	上海	江苏	浙江	安徽	福建	江西	山东	河南
2019	6.31	3.28	1.61	1.12	0.86	2.04	1.27	1.08	4.00	2.79	2.68	2.03	1.78	1.55	2.10	1.46
2018	6.17	2.62	1.39	1.05	0.75	1.82	0.76	0.83	4.16	2.70	2.57	2.16	1.80	1.41	2.15	1.40
2017	5.64	2.47	1.33	0.95	0.82	1.84	0.86	0.92	3.93	2.63	2.45	2.09	1.69	1.28	2.41	1.31
2016	5.96	3.00	1.20	1.03	0.79	1.69	0.94	0.99	3.82	2.66	2.43	1.97	1.59	1.13	2.34	1.23
2015	6.01	3.08	1.18	1.04	0.76	1.27	1.01	1.05	3.73	2.57	2.36	1.96	1.51	1.04	2.27	1.18
2014	5.95	2.95	1.06	1.19	0.69	1.52	0.95	1.07	3.66	2.54	2.26	1.89	1.48	0.97	2.19	1.14
2013	6.08	2.98	1.00	1.23	0.70	1.65	0.92	1.15	3.60	2.51	2.18	1.85	1.44	0.95	2.15	1.10
2012	5.95	2.80	0.92	1.09	0.64	1.57	0.92	1.07	3.37	2.38	2.08	1.64	1.38	0.88	2.04	1.05
2011	5.76	2.63	0.82	1.01	0.59	1.64	0.84	1.02	3.11	2.17	1.85	1.40	1.26	0.83	1.86	0.98
2010	5.82	2.49	0.76	0.98	0.55	1.56	0.87	1.19	2.81	2.07	1.75	1.32	1.16	0.92	1.72	0.91
2009	5.50	2.37	0.78	1.10	0.53	1.53	1.12	1.27	2.81	2.04	1.73	1.35	1.11	0.99	1.53	0.90
2008	5.25	2.45	0.67	0.90	0.44	1.41	0.82	1.04	2.59	1.92	1.60	1.11	0.94	0.97	1.40	0.66
2007	5.40	2.27	0.66	0.86	0.40	1.50	0.96	0.93	2.52	1.67	1.50	0.97	0.89	0.89	1.20	0.67
2006	5.50	2.18	0.66	0.76	0.34	1.47	0.96	0.92	2.50	1.60	1.42	0.96	0.89	0.81	1.06	0.64
2005	5.55	1.96	0.58	0.63	0.30	1.56	1.09	0.89	2.28	1.47	1.22	0.85	0.82	0.70	1.05	0.53
2004	5.24	1.73	0.52	0.66	0.26	1.60	1.14	0.75	2.12	1.43	0.99	0.80	0.80	0.62	0.95	0.50
2003	7.00	1.65	0.54	0.64	0.30	1.38	1.10	0.74	2.06	1.21	0.80	0.82	0.72	0.60	0.83	0.49
2002	6.83	1.52	0.55	0.71	0.28	1.31	1.18	0.60	2.04	1.10	0.70	0.72	0.52	0.48	0.84	0.47
2001	6.02	1.37	0.46	0.61	0.25	1.07	0.81	0.56	1.78	0.97	0.61	0.64	0.53	0.36	0.65	0.50
2000	6.28	1.51	0.52	0.60	0.24	0.89	0.73	0.46	1.62	0.85	0.55	0.66	0.54	0.41	0.61	0.48

续表

年份	湖北	湖南	广东	广西	海南	重庆	四川	贵州	云南	西藏	陕西	甘肃	青海	宁夏	新疆
2019	2.09	1.98	2.88	0.79	0.56	1.99	1.87	0.86	0.95	0.26	2.27	1.26	0.69	1.45	0.47
2018	2.09	1.81	2.78	0.71	0.56	2.01	1.81	0.82	1.05	0.25	2.18	1.18	0.60	1.23	0.53
2017	1.97	1.68	2.61	0.77	0.52	1.88	1.72	0.71	0.96	0.22	2.10	1.19	0.68	1.13	0.52
2016	1.86	1.50	2.56	0.65	0.54	1.72	1.72	0.63	0.89	0.19	2.19	1.22	0.54	0.95	0.59
2015	1.90	1.43	2.46	0.63	0.46	1.57	1.67	0.59	0.80	0.30	2.18	1.22	0.48	0.88	0.56
2014	1.87	1.36	2.37	0.71	0.48	1.42	1.57	0.60	0.67	0.26	2.07	1.12	0.62	0.87	0.53
2013	1.81	1.33	2.32	0.75	0.47	1.39	1.52	0.59	0.68	0.28	2.14	1.07	0.66	0.81	0.54
2012	1.73	1.30	2.17	0.75	0.48	1.40	1.47	0.61	0.67	0.26	1.99	1.07	0.69	0.78	0.53
2011	1.65	1.19	1.96	0.69	0.41	1.28	1.40	0.64	0.63	0.20	1.99	0.97	0.75	0.73	0.50
2010	1.65	1.16	1.76	0.66	0.34	1.27	1.54	0.65	0.61	0.30	2.15	1.02	0.73	0.68	0.49
2009	1.65	1.18	1.65	0.61	0.35	1.22	1.52	0.68	0.60	0.33	2.32	1.10	0.70	0.77	0.51
2008	1.32	1.01	1.41	0.46	0.23	1.18	1.28	0.57	0.54	0.30	2.09	1.00	0.41	0.68	0.38
2007	1.21	0.80	1.30	0.37	0.21	1.14	1.32	0.50	0.55	0.20	2.23	0.95	0.48	0.84	0.28
2006	1.25	0.71	1.19	0.38	0.20	1.06	1.25	0.64	0.52	0.21	2.24	1.05	0.51	0.70	0.28
2005	1.15	0.68	1.09	0.36	0.18	1.01	1.31	0.56	0.61	0.12	2.51	1.01	0.55	0.53	0.25
2004	1.00	0.66	1.12	0.35	0.26	0.88	1.22	0.52	0.41	0.18	2.63	0.85	0.64	0.58	0.27
2003	1.01	0.65	1.32	0.41	0.18	0.77	1.46	0.58	0.45	0.16	2.84	0.98	0.62	0.62	0.20
2002	0.96	0.60	1.33	0.37	0.20	0.64	1.27	0.51	0.44	0.31	2.98	0.95	0.62	0.61	0.22
2001	0.79	0.60	1.29	0.36	0.15	0.57	1.30	0.49	0.37	0.14	2.80	0.78	0.40	0.50	0.22
2000	0.81	0.52	1.11	0.41	0.15	0.64	1.12	0.42	0.35	0.20	2.98	0.74	0.50	0.61	0.24

结合表 3 - 4 给出的 2000—2019 年各地区 R&D 占比，可以看到北京的 R&D 投入占比最高，其次是上海，再次为天津、江苏、浙江、陕西、山东，而广西、海南、云南、贵州、西藏、青海、新疆的 R&D 投入占比则非常低，由此可以猜测 R&D 占比与地区的工业化程度也是有一定关联性的。

为了直观说明 R&D 经费支出和 R&D 人员全时当量的关系，选取 2019 年数据进行研究。图 3 - 6 展示了 2019 年各地区 R&D 经费支出和 R&D 人员全时当量的趋势变化。可以看到，R&D 经费支出与 R&D 人员全时当量的变化是基本一致的，R&D 经费支出高的地区所对应的 R&D 人员全时当量也较多。

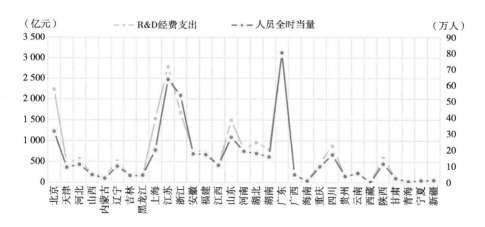

图 3 - 6　2019 年各地区 R&D 经费支出和 R&D 人员全时当量

图 3 - 7 展示了 2019 年部分地区发明专利授权数和技术市场成交额在全国的占比。无论是发明专利授权数还是技术市场成交额，苏浙沪一带及北京、广东均占据高位，说明经济发达地区的科技创新发展较为迅速，人才储备力量雄厚。综上，可以看出 R&D 投入产出与地区的经济发展程度和工业化程度也有很大的联系。

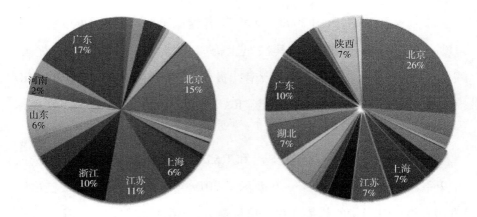

图 3 – 7   2019 年部分地区发明专利授权数和技术市场成交额的全国占比

3.5   R&D 投入产出对经济增长影响的研究分析

为了减少建模过程中共线性和异方差的出现，本节采用数据对数化的操作方式缩小数据区间的差异，分别用 ln*GDP*、ln*RD*、ln*NUM*、ln*INV*、ln*TRAN* 来表示 *GDP*、*RD*、*NUM*、*INV*、*TRAN* 的对数。

3.5.1   空间相关性检验

在利用空间计量经济学模型进行分析前，需要通过全域 Moran's I 指数和局域 Moran's I 指数来检验中国 31 个地区的 R&D 活动与 R&D 溢出效应对经济影响的空间相关性。若存在空间相关性，则构建全域和局域的空间面板数据模型。

全域 Moran's I 指数：

$$I = \frac{n}{\sum\limits_{i=1}^{n}\sum\limits_{j=1}^{n}w_{ij}} \times \frac{\sum\limits_{i=1}^{n}\sum\limits_{j=1}^{n}w_{ij}(x_i-\bar{x})(x_j-\bar{x})}{\sum\limits_{i}^{n}(x_i-\bar{x})^2} \qquad (3-6)$$

局域 Moran's I 指数：

$$I_i = \frac{n^2}{\sum\limits_{i=1}^{n}\sum\limits_{j=1}^{n}w_{ij}} \times \frac{(x_i-\bar{x})\sum\limits_{j}^{n}w_{ij}(x_j-\bar{x})}{\sum\limits_{j}^{n}(x_j-\bar{x})^2} \qquad (3-7)$$

全域 Moran's I 指数与局域 Moran's I 指数的关系：

$$\sum_{i=1}^{n}I_i = n \times I \qquad (3-8)$$

式（3-6）与式（3-7）中，n 为研究对象个数；w_{ij} 是二进制的邻接空间权值矩阵，当区域 i 与 j 相邻时，W_{ij} 为 1，否则为 0；x_i 是第 i 个地区的相关经济指标值；x_j 为对 x_i 求和；$\bar{x}$ 为 31 个地区经济指标的平均值。式（3-6）中的 I 为全域 Moran's I 指数，取值范围在 [-1，1]。当 $I>0$ 时，说明相似的观测值趋于空间集聚；当 $I<0$ 时，说明相似的观测值趋于分散分布；当 I 接近 0 时，表明不存在空间相关性。式（3-7）中的 I_i 为局域 Moran's I 指数，它既可以反映出第 i 个地区的经济发展水平，也可以反映出周边地区的经济发展水平。

全域 Moran's I 指数与局域 Moran's I 指数相比有一定的局限性，前者只能判断全域的空间关系，而后者还可以反映具体的内部空间联系（高高集聚或高低集聚）。

本节分别对每一年的 Moran's I 指数进行计算，最终结果均显著，说明经济变化与 R&D 投入产出之间存在空间相关性。为了便于直观理解，本节利用 Stata 软件仅展示 2019 年的 Moran's I 指数，其余年份结果相似，结果如表 3-5 所示。

表 3 – 5 2019 年的全域 Moran's I 指数及其显著性

变量	I	Z	p – value
GDP	0.340	3.511	0.000
NUM	0.340	3.514	0.000
INV	0.344	3.571	0.000
TRAN	0.348	3.604	0.000

在计算出 Moran's I 指数后，对其进行假设检验，当区域个数 n 足够大时，Moran's I 指数近似服从正态分布，因此可以使用 Z 检验。在显著性为 0.05 的水平下，只要满足 $|Z| > 1.96$（或者 p 值小于 0.05），即可拒绝原假设。

2019 年，全域 Moran's I 指数的 p 值在 1% 的显著性水平下均显著，指数值均在 0.3 左右，Z 得分超过临界值 1.96，说明中国 R&D 投入产出与国内各地区经济在空间上并不是随机分布的，而是对于相似的观测值趋于空间集聚，表现出显著的空间依赖性。此外，R&D 投入产出与国内各地区经济的 Moran's I 指数随着年份增加而上升，这说明，地区间的 R&D 投入产出与经济的空间集聚性表现得更加明显，证实了区域科技创新能够促进经济交流。

同样选取 2019 年的数据，利用 Stata 绘制各个变量的局域 Moran's I 散点图（见图 3 – 8）。可以发现各变量的局域 Moran's I 散点图之间的分布差异并不大，说明 R&D 投入产出与经济增长的空间集聚性是相似的。

第一象限为高高集聚区，第二象限为低高集聚区，第三象限为低低集聚区，第四象限为高低集聚区。结合前面 Moran's I 散点图的分布，可以明显看到，对于北京、河北、上海、江苏、山东等位于第一象限的地区，它们的经济发展水平高，同时周边地区的发展水平也高，其经济

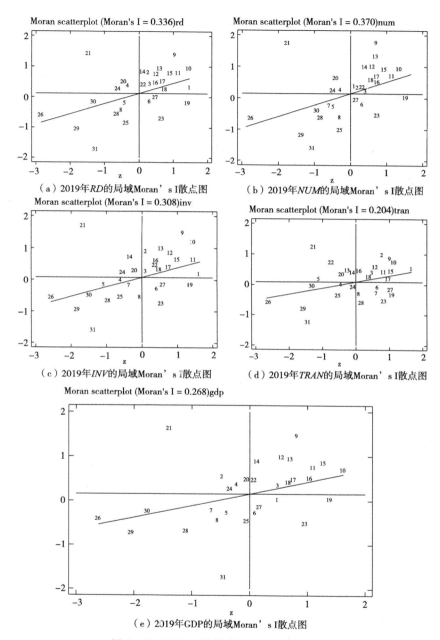

（a）2019年*RD*的局域Moran's I散点图　（b）2019年*NUM*的局域Moran's I散点图

（c）2019年*INV*的局域Moran's I散点图　（d）2019年*TRAN*的局域Moran's I散点图

（e）2019年GDP的局域Moran's I散点图

图 3 - 8　2019 年的局域 Moran's I 散点图

　　注：图中，1 代表北京，2 代表天津，3 代表河北，4 代表山西，5 代表内蒙古，6 代表辽宁，7 代表吉林，8 代表黑龙江，9 代表上海，10 代表江苏，11 代表浙江，12 代表安徽，13 代表福建，14 代表江西，15 代表山东，16 代表河南，17 代表湖北，18 代表湖南，19 代表广东，20 代表广西，21 代表海南，22 代表代表重庆，23 代表四川，24 代表贵州，25 代表云南，26 代表西藏，27 代表陕西，28 代表甘肃，29 代表青海，30 代表宁夏，31 代表新疆。

和 R&D 投入产出外溢现象明显；对于海南、广西、贵州等位于第二象限的地区，虽然其自身经济发展水平低，但周边地区发展快速，说明尚未受到 R&D 活动和经济外溢的影响；对于西藏、甘肃、新疆、宁夏、青海这些位于第三象限的地区，受到自身地理条件和文化差异的约束，其经济发展水平低的同时，周边地区的发展水平也低，多为内陆地区；而对于四川、广东、辽宁等位于第四象限的地区，自身发展迅速，拥有地区特色，经济发展水平较高，但周边地区跟不上其快速的发展，因而周边地区发展缓慢，呈现高低集聚的趋势。

总体而言，从局部相关的角度来分析，第一、三象限的地区明显多于第二、四象限的地区，可见高高集聚和低低集聚的地区相较于高低集聚和低高集聚的地区更多，即经济较高（低）的地区在空间上更易集聚。

3.5.2 空间回归模型的建立

空间计量模型用于处理横截面或面板数据回归模型中的空间相互作用和空间结构问题。对于时空问题的综合分析，参数的估计及模型的各种检验都需要借助空间计量模型，尤其是经济问题中许多需要研究的对象是多维的，需要在空间问题中建立起一系列空间回归模型。因此，以下将系统地对 R&D 活动的投入产出对经济增长的影响做进一步的空间回归研究。

3.5.2.1 经典回归模型

为了便于后续的模型诊断与改进，首先选取 2019 年的相关数据，建立线性回归模型：

$$\ln GDP_i = \beta_0 + \beta_1 \ln RD_i + \beta_2 \ln NUM_i + \beta_3 \ln INV_i + \beta_4 \ln TRAN_i + \varepsilon_i,$$

$$i = 1,2,\cdots,31 \tag{3-9}$$

式中，β_0 为常数项；$\beta_k (k = 1,2,3,4)$ 为系数项；i 代表 31 个地区。

经典回归模型的参数估计采用最小二乘估计方法，参数估计结果如表 3 - 6 所示。

表 3 - 6　线性回归模型参数估计

变量	参数估计	标准误差	p 值
截距	2.66	1.45	0.000 ***
$\ln RD$	0.29	0.24	0.000 ***
$\ln NUM$	0.66	0.26	0.036 *
$\ln INV$	-0.13	0.16	0.000 ***
$\ln TRAN$	-0.13	0.06	0.000 ***
R^2			0.91

注：*、**、*** 分别表示在 10%、5%、1% 的水平下显著。

从表 3 - 5 的估计结果可以看出，除了技术市场成交额外，R&D 活动投入和产出均会拉动经济增长，其中对经济增长影响最大的是 R&D 经费支出，它是衡量 R&D 水平的首要因素。

事实上，虽然线性回归模型的 R^2 为 0.91，但由于线性回归模型既没有考虑空间相关性，也没有考虑时间的动态变化，因此标准的 OLS 参数估计可能有很大偏差，需要借助空间面板数据对回归模型做进一步研究。

3.5.2.2　全域空间回归模型

空间单位的时间序列观测值称为空间面板数据。相比于线性回归模型，空间回归模型可以更好地结合研究对象的时空分布特征，探究其规律作用。空间回归模型一般有空间滞后模型（SLM）、空间误差模型（SEM）、空间杜宾模型（SDM）。本章利用邻接距离权重，结合 LM 检验对空间面板回归模型进行选择，结果如表 3 - 7 所示。

表 3 - 7　LM 检验

检验	p 值
空间误差模型：	
拉格朗日乘子法	0.000
稳健的拉格朗日乘子法	0.000
空间滞后模型：	
拉格朗日乘子法	0.000
稳健的拉格朗日乘子法	0.209
空间杜宾模型：	
拉格朗日乘子法	0.000
稳健的拉格朗日乘子法	0.000

LM 检验的原假设为模型残差不存在空间自回归，通过表 3 - 7 可以看到，除了空间滞后模型（SLM）的一个 LM 值不显著，其余均显著，由此说明拒绝原假设，模型存在空间自相关，则可以确定模型的设定形式为空间误差模型（SEM）或空间杜宾模型（SDM）。

鉴于 SLM、SEM 是 SDM 的特例，所以通过模型稳健性（LR）检验来验证 SDM 能否退化为 SLM/SEM，结果如表 3 - 8 所示。

表 3 - 8　LR 检验

检验	p 值
SDM→SLM	0.000
SDM→SEM	0.000

通过 LR 检验可以看到，无论是 SDM 退化为 SLM 还是 SDM 退化为 SEM，都是拒绝原假设的，因此可以说明，对于本章的数据，最适用的

是 SDM。

　　鉴于空间面板数据是面板数据的特殊形式，其数据模型可以用来控制个体层面无法观测的特质性、非时变特征等（这些很难观察到，甚至不可能观察），但如果忽略了这些方面，有可能导致我们感兴趣的参数估计存在偏差或无效。为了对个体异质性进行建模，相关文献近年来研究了在固定效应和随机效应设定下的空间面板回归模型。从统计抽样的角度来说，随机效应假设符合从潜在的无限总体中进行个体抽样的性质。这使得埃洛斯特（Elhorst）（2009）放弃了其在空间计量经济学中的实际效用，而是按常规从固定的国家和地区进行抽样。然而，在这个问题上，芒德拉克（Mundlak）（1978）、伍德里奇（Wooldridge）（2002）进行了总结，主要关注个体效应的统计性质而非术语本身，因而通常被视为随机变量，两者的主要区别是误差项与回归量之间能否设为不相关。因此，固定效应和随机效应被视为经典问题。Hausman 检验就是用来评价非相关假设，进而判断是否使用随机效应的标准检验。本章利用 Stata 进行了 Hausman 检验。

　　对于 Hausman 统计量检验，它的假设为：

　　H_0：个体效应与回归变量无关（随机效应回归模型）。

　　H_1：个体效应与回归变量相关（固定效应回归模型）。

Hausman 检验结果如表 3 - 9 所示。

表 3 - 9　SDM 随机效应模型的 Hausman 检验

假设	Hausman 统计量	p 值
SDM 随机模型	24. 15	0. 004 1

　　从表 3 - 9 中可以看到，Hausman 统计量的值是 24.15，对应的概率是 0.004 1，即说明该模型拒绝原假设，建立 SDM 固定效应模型更为合适。三种固定效应模型的对比见表 3 - 10。

表 3 - 10　SDM 固定效应模型的选择

模型	R^2
时间固定效应模型	0. 895 9
个体固定效应模型	0. 863 6
双固定效应模型	0. 884 8

由表 3 - 9 可知，时间固定效应模型的拟合度 R^2 最高，为 0. 895 9，高于个体固定效应模型和双固定效应模型。再结合 LM 检验，可以说明，SDM 的时间固定效应是最优的。

在空间相关的情况下，某一地区的 R&D 投入产出不仅会直接影响到当地的经济，还会影响与这一地区存在空间相关性的地区，前者称为直接效应，后者称为间接效应（外溢效应）。由于 SDM 固定效应模型的估计参数并不能反映间接效应，因此需要对 SDM 固定效应模型进行一定的计算。

SDM 的矩阵形式如下：

$$y = (I_n - \rho W)^{-1}\alpha I_n + (I_n - \rho W)^{-1}(x\beta + WX\theta) + (I_n - \rho W)^{-1}\varepsilon \quad (3-10)$$

式中，y 是 n 维因变量列向量；x 是 $n \times k$ 阶自变量矩阵；I_n 为 $N \times 1$ 的单位向量；ρ 代表空间自相关系数；ε 是空随机干扰项；W 表示 $n \times n$ 阶空间权重矩阵；$WX\theta$ 代表空间滞后项；α 和 β 是模型的参数向量。

Y 关于第 k 个变量的偏微分矩阵为：

$$\left[\frac{\partial y}{\partial x_{1k}} \cdots \frac{\partial y}{\partial x_{Nk}} \right] = (I_n - \rho W)^{-1}\left[I_n\beta_k + W\theta_k \right] \quad (3-11)$$

式中，等式右端矩阵的主对角线元素对应着某个体的因变量对自变量的导数，表示直接效应；而主对角线以外的元素对应着某个体的因变量对其他个体自变量的偏导数，代表间接效应。

由式（3 - 10）、式（3 - 11）可以分别计算得到基于邻接权重矩阵的经济增长对 R&D 投入产出的直接效应和间接效应，结果如表 3 - 11

所示。

表 3 - 11　SDM 解释变量的直接效应与间接效应

变量	直接效应	间接效应	总效应
lnRD	0.337 ***	0.366 ***	0.703 ***
lnNUM	- 0.006	- 0.195 ***	- 0.201 ***
lnINV	0.003	0.029	0.003
ln$TRAN$	0.445 ***	- 0.172 **	0.089 ***

注：*、**、*** 分别表示在10%、5%、1%的水平下显著。

　　由上文分析可知，R&D 投入产出与经济均有非常显著的空间相关性，若忽略空间因素的影响，则无法全面透彻地分析经济对 R&D 投入产出的作用机制和空间外溢效应。根据表 3 - 10 的估计结果，从总体来看，在直接效应下，lnRD 和 ln$TRAN$ 通过了 1% 显著性水平的检验，说明 R&D 经费投入和技术市场成交额对本地区的经济有显著的影响。在间接效应下，lnRD、lnNUM 和 ln$TRAN$ 三个变量显著，且只有 lnRD 为正，说明各地区 R&D 经费支出对相邻其他地区有正向外溢效用，而 R&D 人员全时当量和技术市场成交额则多受到其他地区的溢出效应影响。Total 指标作为总效应，可以发现 R&D 经费支出、R&D 人员全时当量和技术市场成交额是显著的，说明 R&D 经费支出和技术交易既有利于快速拉动本地区经济，也可以刺激相邻地区经济增长；而 R&D 人员全时当量取决于人才的数量，我国现阶段技术创新人才数量并不突出，技术创新人才的缺失在一定程度上限制了经济的增长。

3.5.2.3　局域空间回归模型

　　在从全域层面分析了空间相关性和各变量的直接效应与间接效应后，为了分析中国经济增长与 R&D 投入产出之间关系的空间非平稳性，利用上述变量构建如下局域空间回归模型——地理加权回归模型：

$$\ln GDP_i = \beta_{0i}W_i + \beta_{1i}W_i\ln RD_i + \beta_{2i}W_i\ln NUM_i + \beta_{3i}W_i\ln INV_i + \beta_{4i}W_i\ln TRAN_i$$

$$i = 1,2,3,\cdots,31 \tag{3-12}$$

式中，i 代表各地区；W_i 为各地区的空间权重矩阵；权函数采用高斯函数。

为了更好地反映在时间变化下的参数估计分布情况，本章分别选取 2000 年和 2019 年的数据进行建模分析，其变量回归参数的空间非平稳性检验结果如表 3 – 12 所示。

表 3 – 12   各变量回归参数的空间非平稳性检验

检验统计量	p 值	检验统计量	p 值
RD	0.001 8	INV	0.172 6
NUM	0.077 8	TRAN	0.001 2

从表 3 – 11 各变量的回归参数的空间非平稳性检验来讲，R&D 人员全时当量（NUM）和发明专利授权数（INV）的 p 值大于显著水平，而 R&D 经费支出（RD）和技术市场成交额（TRAN）的 p 值是显著的，说明 R&D 人员全时当量（NUM）和发明专利授权数（INV）并不会因为地理位置的变化而对经济产生影响，可以说这两个变量对经济的影响是全局的。

3.6   总结与建议

本章分别从全域和局域分析了 R&D 投入对我国经济增长的影响，并利用统计描述、图表、空间回归模型等方法对其进行了深入的探索与研究，得出以下 3 个结论和相应建议。

从描述统计层面来看，我国的 R&D 投入产出、R&D 占比总体表现为逐年增长，R&D 占比的增长率变化清晰地说明 R&D 投入对经济增长的影响是弹性变化的，尤其在我国科技体制改革后，弹性变化波动不断变小并趋于良性平稳。从发明专利授权数等方面也可以看出，我国对 R&D 活动的重视程度不断提高，汲引了一大批科技创新型人才，科技创新成果显著，并且 R&D 投入指标的变化轨迹与经济增长轨迹具有很强的趋同性。由此，我国应该继续保持 R&D 的投入，加大科技创新体制改革，推动中国成为科技创新强国。

从全域层面来看，通过 SDM 的时间固定效应模型发现，中国 R&D 投入产出在邻接权重矩阵下地区间有明显的直接效应和间接效应。利用 R&D 活动的外溢，可以拉动促进邻接地区的经济增长，从而推进区域经济的发展。总的来说，R&D 投入产出对所有地区的经济增长都有积极的促进作用。因此，各地区既需要利用 R&D 投入产出刺激经济增长，也需要结合各自的特点分析优势与劣势，出台因地制宜的政策，不断提高 R&D 投入的产出率。

从局域层面来看，中国经济增长与 R&D 投入产出之间的整体关系存在空间非平稳性，即描述空间关系的参数会在空间上变化。因此，对于拉动经济发展，我国不仅需要加大 R&D 投入产出，更要关注实时情势，关注其他因素对经济增长的影响，进一步研究探索 R&D 活动与经济增长间的关系。

4

高质量发展框架下我国居民生活水平综合评价

在第二次世界大战之后，发展中国家出现了一些研究发展问题的经济学家，发展经济学也在这个时期产生。在发展的初期，发展经济学重点分析不发达的因素，且认为资本积累属于结束不发达的渠道。在该阶段，大部分人一致过度看重人均国民生产总值（GNP），到后期才认识到一味地追求人均 GNP 不能解决发展中国家正在面临的多方面的困难，所以发展观需要向更为全面的方向转变。

"发展目标的社会化"这一概念出现在 20 世纪 70 年代。提出这一概念的学者认为，社会发展除了属于经济现象之外，更是经济、人类、社会与技术进步的全面的、和谐的发展。这种发展观念特别注重社会发展的人的方面，事实上是社会经济发展的新需要。1995 年在社会发展问题世界首脑会议上通过的《行动纲领》第 7 条规定："社会发展的最终目标是改善和提高全体人民的生活质量。"由此可以看出，社会的进步就是持续提高群众的生活水平，因为生活水平体现了社会经济进步的意义。所以，如何提高生活水平就是经济发展所面临的最大问题之一。

改革开放以来，中国经济繁荣发展，现今已经成为世界第二大经济体。但随着国际发展状况的不断改变，过去主要依赖进口、吸引外国投资来推动"健康的发展"的模式已经不再适合现在的中国，我们需要一个真正适应未来经济增长和建设社会主义现代化国家的模式，当务之急就是改变发展模式，优化经济结构转型，转换增长动力。党的第十九大报告指出，国内的经济早就从快速增长时期进入质量发展时期。质量发展属于以后我国经济进步的新趋势。这也表明我国的经济早就不单纯关注数量，而是开始关注质量。我国走进了全新的阶段，目前的主要矛盾已变为人民群众不断增长的美好生活需求与不平衡不充分的发展之间的矛盾。所以，在最新提出的新发展格局下，我们想要转变成"以国内大循环为主体"，就要抓住扩大内需这个基点，了解居民生活水平、明确居民生活需要，这是对中国经济高质量发展及我国经济发展阶段变化和现在所处关口做出的一个重大判断，为以后我国经济发展指明了方向、提出了任务，具有重大现实价值。那么，中国居民生活水平现状如何？如何测度居民生活水平？进一步地，怎样体现居民需求？为了回答上述现实问题，本章在深刻理解经济高质量发展内涵的基础上构建中国居民生活水平质量评价指标体系，测算分析居民生活水平现状，旨在为充分把握中国居民生活现状以及为满足人民需要提供建议。

4.1 居民生活质量研究综述

4.1.1 生活质量内涵的演变

早期的传统发展观念认为，人均国内生产总值是衡量社会进步与生活水平的关键标准。从 20 世纪 70 年代至今，传统发展理念的不足越发被民众所重视，如过去的发展规划不能真正处理贫困问题与落后贫困国家的人口骤增情况，过去的发展规划引发了自然资源过度消耗与环境污染的情况等。出于对上述部分社会问题的重视，群众对生活水平的论述重点慢慢转移至贫困、卫生与健康、资源条件、日常分配与教育等层面。例如，1970 年阿特金森所阐明的"不平等指数"，主要论述了收入不均衡影响生活水平的情况。罗马俱乐部 1972 年公开了环境污染问题，提出了改善生活质量指数的目的。社会资本的内涵早就被分析发展层面与生活水平层面的各个专家所重视。所以能够看出，生活水平的定义扩展与含义的多元化对应着社会发展各个时期的表现。生活质量的内涵除了具备福利的经济价值，也具备诸如健康、教育、社会关系与自然条件水平等对群众生活产生影响的非经济因素；除了涉及客观的生活环境，也涉及主观感受上的要素。

4.1.2 生活质量的定义

按照国内外专家对于这一层面的分析，生活质量有三个主要定义。首先，生活质量受人们生活的客观因素的影响，包括社会、文化、教育、保健服务、交通等生活条件以及社会制度。其次，从个人舒适的角度来看，生活质量必须包括三个概念和情感：满意度、幸福和社会奖励。最后，生活质量反映社会环境满足社会成员生存和发展需要的程度。

4.1.3 国内外生活质量评价指标综述

民众对生活质量的相关定义存在不一样的认识，所以对其进行评价的时候也具有不一样的指标机制。

生活质量的结构内容表现出群众生活的各个层面的客观要素。国外的专家研究了大量基于客观指标所衍生的生活质量指标系统。比如，

《增长限制》一文第一次阐明了各种生活质量模型，包含由生活水平、人口密度与环境污染情况等客观因素构成的一套指标机制。1977 年，美国海外开发委员会阐明了物质生活质量指数，通常称作 PQLI，能够当成检测穷国群众生活质量的手段。PQLI 通过识字率、婴儿死亡率和 1 岁预期寿命这三大指标，利用指数计算获得平均值。联合国开发计划署（IJNDP）自 1990 年起便借助"人类发展指数"（human development index，HDI）来测量群众的生活质量。HDI 包含三种指标数据：人的健康情况（出生时的人均预期寿命）、人的智力水平（组合的教育成就）、人的福利情况（人均国民收入或人均 GDP）。美国社会卫生组织制定的 ASHA 指数涉及六大指标：就业率、人口出生率、平均预期寿命、识字率、人均国民生产总值增长率与婴儿死亡率。

自改革开放以来，国内也开展了生活质量研究，例如：中国社会科学院开展的第三代社会指标发展研究；1993 年的比较收入、能源、电信、医疗、社会福利和价格研究；宏观经济影响、生活质量和教育状况研究等。这些研究大多将客观的收入和消费成本（治疗生命创伤）、社会文化、环境以及衡量人们精神需求的效果作为重要的因素。虽然客观的生活质量评估具有方便和易于收集数据的优点，但用客观指标来判断生活质量是有局限性的。生活质量被认为是由主观因素组成的，如各个层次的生活的认知和情感方面。

生活质量包括体现民众生活的客观环境与民众对生活的主观体验两大层面。这一观点既考虑到主观指标的优缺点，又考虑到客观指标的优缺点，还清楚地反映了生活质量研究的态势，且慢慢获得国内外研究人员的认可。20 世纪 70 年代中期，美国专家坎贝尔阐明了关于"生活质量"的感官指标模型，有部分学者认为，假若把该综合模型与感官和非感官指标模型结合使用，将会更有用。非感官指标表示非感官的外部与客观两类指标。国内专家叶南客过去把生活质量的主、客观指标一起展开分析，认为生活质量是包含消费水平、消费结构、生活模式与生活感受等四大类结构的动态系统。北京大学社会学系卢淑华专家分析表明，生活质量的主观与客观层面的指标涉及的内容无法彼此代替，所以主观与客观两类指标的分析均十分关键。而且，国内的专家如卢汉龙、朱庆芳、胡荣等均通过个人的实证分析挑选了客观与主观两类的指标。

4.1.4　国内外研究现状

1993年，胡佛研究中心基于威廉·艾格伯的研究，出版了《美国社会的基本原则》，特地对美国生活的发展展开分析。欧加贝（Ogbum）对"社会趋势"的探索耗费了长达20年，并且写作了大量相关论文，而他的分析慢慢发展为两大重点：社会指标分析与生活质量分析。美国经济学者迪克·卡布拉斯在他1958年的著作《富裕社会》中提出了"生活质量"的概念。美国经济学家鲁思在他1971年的著作《政治与增长阶段》里论述了"生活质量"的内容，且阐明了忠诚的定义。1980年，扎里和安瓦尔进行的生活质量比较研究侧重10多个国家的研究结果。现在大量发达国家和有关地区与国际机构均构建了生活质量指标系统。全球多个研究单位、政府机构、媒体等三十多年来依据不一样的层面展开分析，大量综合的生活质量指标表现出下述最关键的内容：生活质量（PQLI），人类发展指数（HDI），真正的经济福利和进步指数（GPI）。

从20世纪70年代末开始，国内的专家正式分析各种与生活质量相关的概念。但这方面大量的实证分析其实是80年代中期正式开始的。起初，大多数人研究生活质量指标与分析手段。由于改革开放与国民经济的进步，提高生活质量变成了当前时代全新的规划目标，对群众生活水平的论述也因此得以持续深入。自 1988 年以来，一项关于"社会发展和社会指标"的研究提出了五项指标，以衡量社区的综合发展。从那时起，学者对这一进程进行评估，并提出了一项指标系统，包括消费、居民的收入、能源消耗、舒适的生活、精神生活等。"生活质量"的概念现在已正式列入我们的国家经济和社会发展规划，社会经济进步与群众生活质量进步也属于现代化的一大指标。

4.2　构建符合我国国情的居民生活质量评价指标体系

4.2.1　评价体系指标的构架

按照国内外早就存在的生活质量评价指标机制，我们可以从经济领域和社会领域两个方面构建满足国内现状的居民生活质量评价机制，其指标如表 4 - 1 所示。

表 4 - 1　居民生活质量评价指标

评价因素	评价指标	指标正逆性	变量标志
收入	人均 GDP	正指标	V_1
	城镇居民人均可支配收入	正指标	V_2
	农村居民人均纯收入	正指标	V_3
消费	城市人均消费支出	正指标	V_4
	农村人均消费支出	正指标	V_5

评价因素	评价指标	指标正逆性	变量标志
健康	人均医疗支出	正指标	V_6
教育娱乐	城镇人均教育娱乐支出	正指标	V_7
生活设施	城镇人均交通通信支出	正指标	V_8
社会保障	城镇登记失业率	逆指标	V_9
	城市低保总人数	逆指标	V_{10}
城市环境	城镇化率	正指标	V_{11}
	城市人口密度	适中指标	V_{12}

4.2.2　评价指标体系的设计

经济领域涉及收入与消费两大方面。收入属于对生活水平产生关键影响的要素，是提高生活水平的物质前提。民众的收入除了会直接影响该地区的消费结构，还决定了资本投资的模式，并最终影响收入的增长。提高消费水平和使消费结构合理化是提高生活质量的重要指标。提高人民的生活质量已成为中国五年规划的重要内容，政府也认识到消费对于改进群众生活水平的关键意义。所以，把消费当成衡量群众生活质量的一大指标，兼具理论价值与现实意义。

社会领域包括教育、健康及城市环境。良好的社会环境是改善居民生活质量的先决条件。社会保障制度关乎就业、收入情况、贫困与社会保障四大指标。失业率太高、收入差距过大、社会保障机制不全面，代表民众无法体会到经济提高产生的社会物质的提升与生活水平的优化，会导致一些民众的情绪改变，进而产生社会问题。而且，社会保障指数表现了社会对所有居民尤其是受灾居民生活质量的关心程度。失业是各级政府领导最关心的事，也是普通群众最关心的事。一个国家的失业率直接影响该国人民生活质量。由此可知，基于社会领域，生活质量指标不只包含前文提及的四个子体系，也需包含居民闲暇与精神生活水平、公民性别差异和政治自由等各个指标，只是因为这些指标不容易被量化或不容易获得数据而并未被纳入评价体系。

4.3 居民生活质量的综合评价

4.3.1 现行生活质量综合评价方法的缺陷

现行对生活质量的总体评价，往往是将数个表现生活质量各个方面且量纲不一样的统计指标转变为无量纲的相对评价值，然后借助公式 $J = \sum_{i=1}^{n} p_i a_i$ 算出生活质量的综合评价值。J 属于综合评价结果，a_i 为第 i 个指标的相对评价值，p_i 属于第 i 个指标在综合评价中的占比，通常选择占比一样的或利用专家咨询法获得。

所以，目前对生活质量的综合评价手段具有两大不足：第一，不管是选择占比一样的还是利用专家咨询法，权重机制的建立均具备主观随意性。挑选的专家范围、专家的知识条件和了解的历史局限性均会直接影响到最终所得的权重。第二，建立的生活质量评价指标机制里，大量指标彼此均具显著的关联性，仅仅选择前文的公式从而算出生活质量的综合评价值不能避免指标彼此具有的相关性，这就导致最终的结果具有重复的内容，因此就无法保障真正的可信度。

4.3.2　实证研究

本书基于我国的城市与乡村民众生活的特点，并借鉴国内外生活质量评价分析结果，建立了我国居民生活质量评价体系。

综合评价里的指标一定属于正向且规范化的。因此，本章针对所得的数据开展正向化操作。挑选的指标里存在正指标（指标值越大越好）与逆指标（指标值越低越好），因此要归一化地处理相关指标。因为每一个指标具有不一样的量纲，所以需对指标的原始数据进行无量纲操作。本章选择线性极值标准化法，依据指标自身的正向、负向、适中型的特点各自开展去量纲。正向指标类有越高的原始数据，就表示该地区的经济质量越高。负向指标则表示原始数据越低越好。适中型指标表示越趋于某适中的值越好。

正向指标：

$$r_{ij} = \frac{x_{ij} - \min(x_{ij})}{\max(x_{ij}) - \min(x_{ij})} \tag{4-1}$$

负向指标：

$$r_{ij} = \frac{\max(x_{ij}) - x_{ij}}{\max(x_{ij}) - \min(x_{ij})} \tag{4-2}$$

适中指标：

$$r_{ij} = \begin{cases} 1 - \dfrac{x_p - x_{ij}}{\max(x_p - \min(x_{ij}), \max(x_{ij}) - x_p)}, x_{ij} < x_p \\ 1 - \dfrac{x_{ij} - x_p}{\max(x_p - \min(x_{ij}), \max(x_{ij}) - x_p)}, x_{ij} > x_p \end{cases} \tag{4-3}$$

式（4-1）到式（4-3）中，r_{ij}属于去量纲与标准化之后的结果，取值的要求是$0 \leqslant r_{ij} \leqslant 1$；$x_{ij}$属于各指标的原始数据，其中$i$代表第$i$个区域，$j$代表第$j$项指标；$x_p$属于指标的适中值；去量纲与标准化所得的结果$r_{ij}$

取值越高，表示该区域的经济高质量发展水平越优秀。

首先通过建立因子模型来对 2015 年至 2019 年我国 31 个地区民生高质量发展进行评价。

我们以 2019 年为例，对标准化过的数据进行因子分析（见表 4 - 2）。

表 4 - 2　标准化数据因子分析结果

指标	F_1	F_2
人均 GDP	0.697	0.289
城镇居民人均可支配收入	0.971	− 0.033
农村居民人均纯收入	0.950	0.034
城市人均消费支出	0.980	− 0.047
农村人均消费支出	0.950	0.041
人均医疗支出	0.793	0.297
城镇人均教育娱乐支出	0.917	0.181
城镇人均交通通信支出	0.910	− 0.101
城镇登记失业率	− 0.325	0.582
城市低保总人数	− 0.386	0.682
城镇化率	− 0.936	0.101
城市人口密度	− 0.295	0.494
累计贡献率	78.467	89.184

从表 4 - 2 主成分分析的结果可以看出，第一主因子 F_1 在人均 GDP、城镇居民人均可支配收入、农村居民人均纯收入、城市人均消费支出、农村人均消费支出、人均医疗支出、城镇人均教育娱乐支出、城镇人均交通通信支出这 8 个指标上面有较大载荷，是反映一个地区收入、教育、健康、生活设施等方面的综合指标；第二主因子 F_2 在城镇登记失业率、城市低保总人数、城镇化率、城市人口密度这 4 个指标上具有较大载荷，是反映一个地区社会保障和城市环境的综合指标。

接下来求各个地区在 F_1、F_2 因子上的因子得分，并进行排序。然后以各因子的方差贡献率为权数，予以加权平均，算出各地区的综合因子分数，并进行排序。将 2015—2019 年 31 个地区居民生活发展水平依次按如上方法进行分析之后，得到的结果如表 4 - 3 所示。

表 4 - 3　2015—2019 年我国 31 个地区居民生活发展水平综合因子分数

地区	2015 年	2016 年	2017 年	2018 年	2019 年
北京	0.739 10	0.745 10	0.749 10	0.752 10	0.758 10
天津	0.419 80	0.413 80	0.411 80	0.400 10	0.398 40
河北	0.279 21	0.277 21	0.271 21	0.271 03	0.269 15
山西	0.231 27	0.230 27	0.221 27	0.220 07	0.219 17
内蒙古	0.270 22	0.271 22	0.270 22	0.271 31	0.271 22
辽宁	0.388 12	0.388 12	0.385 12	0.389 17	0.389 91
吉林	0.328 16	0.297 18	0.283 18	0.263 72	0.269 18
黑龙江	0.301 17	0.289 19	0.276 19	0.268 11	0.267 72
上海	0.737 20	0.741 20	0.745 20	0.750 20	0.757 40
江苏	0.481 50	0.483 50	0.488 50	0.491 70	0.504 10
浙江	0.486 30	0.487 40	0.490 40	0.495 60	0.499 10
安徽	0.267 23	0.269 23	0.267 23	0.271 29	0.268 94
福建	0.448 60	0.453 60	0.458 60	0.463 80	0.469 60
江西	0.264 24	0.267 24	0.265 24	0.261 22	0.267 69
山东	0.421 70	0.426 70	0.430 70	0.435 70	0.439 70
河南	0.355 14	0.358 14	0.360 14	0.365 12	0.367 43
湖北	0.395 90	0.396 90	0.397 11	0.398 97	0.399 70
湖南	0.394 10	0.395 10	0.398 10	0.401 20	0.438 80
广东	0.484 50	0.499 30	0.501 30	0.522 10	0.534 70
广西	0.239 25	0.241 25	0.235 25	0.239 64	0.239 81
海南	0.348 15	0.349 15	0.351 15	0.361 24	0.367 78
重庆	0.390 11	0.392 11	0.399 90	0.418 80	0.419 30

续表

地区	2015 年	2016 年	2017 年	2018 年	2019 年
四川	0.369 13	0.371 13	0.376 13	0.379 92	0.381 45
贵州	0.289 18	0.301 16	0.304 16	0.314 50	0.318 90
云南	0.285 19	0.298 17	0.299 17	0.300 6	0.303 21
陕西	0.281 20	0.282 20	0.275 20	0.278 20	0.289 20
甘肃	0.179 29	0.182 29	0.178 29	0.181 15	0.181 09
青海	0.169 22	0.171 30	0.167 30	0.171 01	0.169 28
宁夏	0.149 31	0.152 31	0.157 31	0.162 34	0.167 81
新疆	0.185 28	0.189 28	0.197 28	0.199 20	0.201 37
西藏	0.236 26	0.238 26	0.231 26	0.235 56	0.234 91

由表 4 - 3 可知，2015—2019 年我国各个地区的经济高质量发展情况呈不断提高的趋势，即便该阶段里我国的经济提速有所变慢，但经济发展质量一直不断提高。北京与上海在我国各地区历年经济高质量发展水平评分的榜单里一直位列第一名与第二名，分数均超过 0.7 分，领先第三名 0.2 分以上，经济高质量发展水平大大超过别的地区，是国内经济高质量发展的第一梯队，对于国内提高经济发展水平的探索具备引导与典范的价值。第二梯队的地区综合得分基本处于 0.4 ~ 0.5 分，大部分是东部沿海的发达地区，如福建、浙江、广东、江苏等地区，虽然这些地区的经济水平相对高，可是与上海和北京仍存在一定的差距。属于第三梯队的地区综合得分历年处于 0.2 ~ 0.4 分，覆盖了中西部与东北地区的十几个地区，这些地区的经济高质量发展仍处于较低水平，具备充分的提高机会。归属第四梯队的地区综合得分历年不足 0.2 分，具体为西部的几个地区。我国各地区经济高质量发展整体表现为"东强西弱"的情况。

将得分进行排名，得到表 4 - 4。

表 4 - 4   2015—2019 年我国 31 个地区经济高质量发展排名情况

排名	2015 年	2016 年	2017 年	2018 年	2019 年
1	北京	北京	北京	北京	北京
2	上海	上海	上海	上海	上海
3	浙江	广东	广东	广东	广东
4	广东	浙江	浙江	浙江	江苏
5	江苏	江苏	江苏	江苏	浙江
6	福建	福建	福建	福建	福建
7	山东	山东	山东	山东	山东
8	天津	天津	天津	重庆	湖南
9	湖北	湖北	重庆	湖南	重庆
10	湖南	湖南	湖南	天津	湖北
11	重庆	重庆	湖北	湖北	天津
12	辽宁	辽宁	辽宁	辽宁	辽宁
13	四川	四川	四川	四川	四川
14	河南	河南	河南	河南	海南
15	海南	海南	海南	海南	河南
16	吉林	贵州	贵州	贵州	贵州
17	黑龙江	云南	云南	云南	云南
18	贵州	吉林	吉林	陕西	陕西
19	云南	黑龙江	黑龙江	内蒙古	内蒙古
20	陕西	陕西	陕西	安徽	吉林
21	河北	河北	河北	河北	河北
22	内蒙古	内蒙古	内蒙古	黑龙江	安徽
23	安徽	安徽	安徽	吉林	黑龙江
24	江西	江西	江西	江西	江西

排名	2015 年	2016 年	2017 年	2018 年	2019 年
25	广西	广西	广西	广西	广西
26	西藏	西藏	西藏	西藏	西藏
27	山西	山西	山西	山西	山西
28	新疆	新疆	新疆	新疆	新疆
29	甘肃	甘肃	甘肃	甘肃	甘肃
30	青海	青海	青海	青海	青海
31	宁夏	宁夏	宁夏	宁夏	宁夏

接下来对各地区的 12 项指标进行层次聚类。

对 2019 年 31 个地区的 12 项指标进行聚类，通过碎石图（见图 4-1）我们可以看出，选择的最佳聚类数是 4 类。接下来选用 k – means 法进行聚类，具体分类结果如表 4-5 所示。

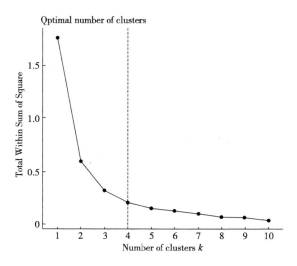

图 4 – 1　碎石图（2019 年）

表 4 – 5　2019 年我国 31 个地区聚类结果

类别	地区
第一类	北京，河北，上海，江苏，浙江，山东，广东，陕西
第二类	天津，福建，海南，西藏，青海，宁夏
第三类	辽宁，吉林，湖南，河南，贵州，云南，甘肃
第四类	山西，江西，安徽，湖北，广西，重庆，内蒙古，新疆，四川，黑龙江

　　同理，对 2018 年 31 个地区的 12 项指标进行聚类，通过碎石图①我们可以看出，选择的最佳聚类数是 4 类。接下来选用 k – means 法进行聚类，最终 31 个地区被聚类成了 4 类，具体分类结果如表 4 – 6 所示。

表 4 – 6　2018 年我国 31 个地区的聚类结果

类别	地区
第一类	北京，天津，西藏，福建，海南，青海，广西，宁夏，浙江，河北，陕西，山东，广东，上海，江苏
第二类	四川，黑龙江，江西
第三类	内蒙古，湖北，重庆，山西，贵州
第四类	湖南，辽宁，安徽，河南，甘肃，云南，吉林，新疆

　　对 2017 年 31 个地区的 12 项指标进行聚类，选择的最佳聚类数是 4 类。接下来选用 k – means 法进行聚类，最终 31 个地区被聚类成了 4 类，具体分类结果如表 4 – 7 所示。

表 4 – 7　2017 年我国 31 个地区的聚类结果

类别	地区
第一类	北京，天津，西藏，福建，海南，青海，广西，宁夏，浙江，河北，陕西，山东，广东，上海，江苏，贵州，重庆

---

①　本书仅展示了 2019 年的碎石图，2015—2018 年的不再列出，仅给出其聚类结果。

续表

类别	地区
第二类	安徽，内蒙古，山西，湖北，辽宁，吉林
第三类	四川
第四类	黑龙江，江西，河南，甘肃，湖南，云南，新疆

对 2016 年 31 个地区的 12 项指标进行聚类，选择的最佳聚类数是 4
类。接下来选用 k – means 法进行聚类，最终 31 个地区被聚类成了 4
类，具体分类结果如表 4 – 8 所示。

表 4 – 8　2016 年我国 31 个地区的聚类结果

类别	地区
第一类	北京，天津，西藏，福建，海南，青海，广西，宁夏，浙江，陕西，山东，广东，上海，江苏，贵州，重庆
第二类	甘肃，辽宁，吉林，安徽，山西，湖北，河北，内蒙古
第三类	河南，云南，江西，新疆
第四类	黑龙江，湖南，四川

对 2015 年 31 个地区的 12 项指标进行聚类，选择的最佳聚类数是 4
类。接下来选用 k – means 法进行聚类，最终 31 个地区被聚类成了 4
类，具体分类结果如表 4 – 9 所示。

表 4 – 9　2015 年我国 31 个地区的聚类结果

类别	地区
第一类	北京，江苏，广东，贵州，山东，广西，重庆
第二类	西藏，浙江，海南，天津，上海，福建，青海，宁夏
第三类	河北，山西，安徽，山西，内蒙古，湖北，新疆，甘肃，辽宁，吉林
第四类	黑龙江，湖南，四川，河南，江西，云南

针对历年高质量发展分数的名词和聚类数据分析，各个地区能够划
分成三类。第一类是排名上升组，包括四川、贵州、福建、重庆等。这

些地区都位于我国的南部地区，2015—2019 年的高质量发展程度评分的排名持续提高。第二类是排名稳定型，包括北京、上海、广东、江苏等地区，2015—2019 年这些地区的高质量发展情况评分的名次相对稳定。第三类是排名下降型，包括天津、山西、吉林、辽宁、黑龙江等，它们均属于北方地区。

我们将 31 个地区聚类成 3 类后比较每一个类别的 12 项指标的平均值，可以发现：京津冀、苏浙沪、福建、山东、广东、海南、陕西除人均 GDP、人均医疗支出、农村居民人均纯收入和农村人均消费支出外的其他 8 项指标都明显高于其他地区；黑龙江和四川的人均 GDP、人均医疗支出、农村居民人均纯收入和农村人均消费支出这 4 项指标的平均值遥遥领先于其他所有地区。

4.4　面板数据的聚类

4.4.1　面板数据的整理和提取数据特征

本章所分析的数据是近 20 年中国 31 个地区的 12 项指标，是一个多指标数据。而多指标数据是截面数据和时间序列数据的结合，无法用一个二维表来表示。所以，本章用下述思路将此多指标数据整理为二维表的形式。

我们先定义五个特征量。

定义一：个体 i 的第 j 个指标在总时期 T 的均值。该特征量反映的是个体 i 的第 j 个指标在整个时期内的绝对发展水平，我们称之为"绝对量"特征。

$$E = \frac{\sum\limits_{t=1}^{20} x_{ij}(t)}{T} \tag{4-4}$$

定义二：个体 i 的第 j 个指标的标准差。该特征量反映的是个体 i 的第 j 个指标随时间波动的变化程度，我们称之为"波动"特征。

$$V = \left[\frac{\sum\limits_{t=1}^{20} (x_{ij}(t) - \overline{x_{ij}})^2}{T-1} \right]^{\frac{1}{2}} \tag{4-5}$$

定义三：个体 i 的第 j 个指标的偏度。该特征量反映的是个体 i 在整个时期的对称程度。如果该指标量大于 0，表示该指标的绝大部分数据位于平均值的右方。如果该指标量小于 0，表示该指标的绝大部分数据位于平均值的左方。

$$S = \frac{\sum\limits_{t=1}^{20} (x_{ij}(t) - \overline{x_{ij}})^3}{T(V)^3} \tag{4-6}$$

定义四：个体 i 的第 j 个指标的峰度。该特征量反映的是个体 i 的第 j 个指标在整个时期的数据分布在平均值处峰值的高低。如果 $S > 0$，则表示该指标值的分布比正态分布更集中地分布在平均值两侧。如果 $S < 0$，则表示该指标值的分布比正态分布更散地分布在平均值两侧。

$$K = \frac{\sum\limits_{t=1}^{20} (x_{ij}(t) - \overline{x_{ij}})^4}{T(V)^4} - 3 \tag{4-7}$$

定义五：个体 i 的第 j 个指标的趋势。这个趋势就是用最小二乘法做回归时的参数 β。

$$TR = \frac{\sum\limits_{t=1}^{20} (x_{ij}(t) - \overline{x_{ij}})\left(t - \frac{T}{2}\right)}{\sum\limits_{t=1}^{20} \left(t - \frac{T}{2}\right)^2} \tag{4-8}$$

二维表的纵向是 12 个指标，如人均 GDP 等。二维表的横向分别是上面定义的五个特征量。由于特征量之间可能具有相关性，所以本章将对不同指标的这五个特征量进行主成分提取，得到主成分降维后每个指标的综合得分。我们将其分别称为主成分"平均值"特征等。按照这样的方式，我们做出31个地区相应的二维表。

以北京为例，我们将新得到的二维表中的五个主成分特征用熵值法进行赋权，将五个特征量按照权重合并为一个变量，以此类推，其他30个地区也做如此赋权。当所有的赋权都结束后，我们就得到了最终的面板数据。新的数据表现形式为：纵向是人均GDP等12个指标，横向为31个地区相应指标赋权合并后的ω。其中，熵值法赋权的步骤为：

第一，去量纲。用到的方法还是线性极值标准化法。公式如式（4-1）、式（4-2）、式（4-3）所示。

第二，计算出个体i的第j个指标占该指标的比重p和第j个指标的熵值e。

$$p = \frac{|r_{ij}|}{\sum\limits_{i=1}^{31} |r_{ij}|} \tag{4-9}$$

$$e = -k \sum_{i=1}^{31} p\ln(p) \tag{4-10}$$

$$k = \frac{1}{\ln(31)} \tag{4-11}$$

第三，计算信息熵冗余度d和各项指标的权重ω。

$$d = 1 - e \tag{4-12}$$

$$\omega = \frac{d}{\sum\limits_{j=1}^{5} d} \tag{4-13}$$

4.4.2 研究过程

前面经过数据整合，我们已经减少了面板数据的时间维度，只剩下二维数据表。所以，我们可以将本章数据当作截面数据，并使用截面数据的聚类方法进行聚类。考虑到聚类效果的稳定性，在本章中选择系统聚类方法。经过聚类后的分类结果如表 4 – 10 所示。

表 4 – 10 系统聚类分类结果

类别	地区
第一类	北京，上海
第二类	天津，河北，江苏，浙江，山东，湖南，广东，广西，重庆，贵州
第三类	辽宁，吉林，山西，内蒙古，福建，江西，河南，湖北，海南，云南，安徽，四川，甘肃，青海，新疆
第四类	黑龙江，西藏，宁夏

4.4.3 面板数据的聚类结果

在聚类结果中，被分类为第一类的是北京和上海。这一类的城市发展较早，又是全国的经济中心，交通便利，就业机会多，人均收入和消费水平也高于其他城市，属于居民生活水平最高的城市。第二类包括天津、河北、江苏、浙江、山东、湖南、广东、广西、重庆、贵州，这些地区拥有中国较为重要的港口城市和沿海城市，对外贸易活跃，居民生活水平较高。第三类包括辽宁、吉林、山西、内蒙古、福建、江西、河南、湖北、海南、云南、安徽、四川、甘肃、青海、新疆，这些地区由于地处内陆，资源匮乏，发展较为缓慢，居民生活水平一般。第四类包括黑龙江、西藏、宁夏，这些地区发展较晚，所有的正向指标都相对较低，属于居民生活水平最低的地区。

相较之前的层次聚类方法，面板数据的聚类能够更合理地划分所有地区的居民生活水平，并且划分的结果使得每一类都比较符合现实情况。

4.5 结论

本章从收入、消费、健康、教育娱乐、生活设施、社会保障和城市环境七个方面选取了共计 12 个指标，采用主成分分析法和层次聚类法对国内 31 个地区 2015 年到 2019 年经济高质量发展情况展开检测，对各个地区居民生活质量的时序变化和不同地区指标的高低差异进行了分析，主要结论如下：

综合来看，2015 年到 2019 年中国各地区的居民生活水平总体呈现逐年上升的趋势，不同地区群众的生活水平呈"东强西弱""南强北弱"的态势。北京与上海的居民生活质量最为优越；其次为东南部沿海地区，该地区的居民生活水平也相对优越，但仍旧落后于上海与北京；中西部与东北地区的居民生活质量明显较低。我们也可以发现，居民生活质量的优劣和经济发展有一定关系，通过查阅文献不难发现，居民生活质量与经济发展水平成正比，总体上也呈现出"东强西弱"和"南强北弱"的格局。通过研究，2015 年到 2019 年南方的大部分地区居民生活质量都在逐步提高，反而是北方地区的居民生活质量呈现下降趋势。说明我国在高质量发展中仍然存在不平衡不充分的现象，这一点在居民生活质量上也有体现。

本章经过研究发现，京津冀、苏浙沪、福建、山东、广东、海南、陕西这些地区的城镇居民人均可支配收入、城镇人均教育娱乐支出、城镇人均交通通信支出、城镇化率都高于其他地区，城镇登记失业率和城市低保总人数均低（少）于其他地区，而在前面的研究中我们也可以看到这些地区的居民生活水平排名都较为靠前，是我国居民生活质量较高的地区。这反映出人均收入越高，对于教育越重视、支出越多，可以有娱乐生活的城市居民生活质量越高；交通支出越多，说明城市交通更便利，也会提高居民生活水平；城市失业率低、低保总人数少说明工作保障好，居民生活质量也会提高。

4.6　提高我国居民生活质量的若干建议

随着国内经济的迅速提升，群众的生活水平实现明显进步。有学者调查发现，目前国内群众对生活水平满意者有 70%，且大多数民众对生活保持乐观态度，有 72.7% 的被调查者认为未来的生活会更好，存在悲观思想的仅有 5.5%。群众的生活水平关乎个人的生存、社会的和谐与国家的长远发展，政府必须高度重视并采取切实有效的措施提高居民生活质量。

4.6.1　加大教育投入，合理配置教育资源

推动开发人力资源并执行联合国"科教兴国"规划是实现长期稳定的关键措施，不但可以协调经济和社会发展，还能够改善人类的生活品质。缺乏教育资源是限制发展的一个关键要素，老旧的教育体系与政府的政策方向在配置教育资源方面对我国的教育进步产生了一定阻碍。

要加深基础教育的体制改革，实现公平教育。

4.6.2　缩小居民收入差距，保证居民收入稳步增长

收入水平与包括消费、保健和教育在内的其他生活质量有关。自改革开放以来，我国人民的收入水平不断上升，人民之间的收入差距不断扩大。收入不平等的加剧不仅导致低收入群体的生活困难，而且可能导致心理贫穷的不断加剧。2000年，国家统计局的相关资料显示，乡村贫困群体中劳动力文盲率甚至超过了1/5，只有38%是不低于初中学历的；农村失学孩子中78%是由于家庭无法负担。按照北京市的数据，30.4%的贫困家庭没办法负担子女高中之后的教育，20.1%的贫困家庭无法让子女进行九年义务教育。为了缩小居民之间的收入差距，确保居民收入的稳定增长，政府应加强宏观监管。为了克服平等主义和避免收入分配方面的巨大差异，需要对社会成员之间的收入分配采取正确的办法。最重要的是，要切实贯彻"保护合法收入，打击非法收入，调整过剩和保护低收入者的基本需求"的个人收入分配原则。这需要改善一系列的政策措施：首先，所得税政策是一项重要的战略措施，它有助于缩小富人和普通人之间的收入差距；其次，社会保障政策将确保因失业、疾病和老年而处于弱势的人的基本生活，并缩小贫富差距；再次，创造平等的就业机会，鼓励劳动力的自由流动，合理配置人力资源；最后，在教育政策中重视基础教育，加大对人力资本的投资，提高人口的受教育程度，缩小教育差距。与此同时，我们必须加强对城镇和农村之间收益与成本的监管，选择合理的策略提高农村可获得的收益。一方面，必须提高农产品定价，增加农业收入和农产品利润；另一方面，要增加农业基础设施投资，改进农业技术，优化农业结构，加快小城镇的

建设。国家要制定适当的税收政策，加大财政转移支付力度，鼓励和动员社会力量到西部地区进行投资。

4.6.3 加快经济结构调整，保持经济持续高质量增长

虽然现在国内经济的提速十分迅速，但实际质量并不乐观，具体体现为两点：其一为借助提高投入实现的粗放型增长，其二为产业结构不恰当导致的低效增长。虽然这样的增长方式也能够在短期内让群众感受到收入的明显增加，但它将导致资源的不合理利用与环境的恶劣污染。所以，要想提高居民生活质量，物质前提是经济提高，根本动力是改进产业结构，但最核心的要求是维持经济增长的稳定性，走绿色发展道路。

5

高质量发展框架下我国环境资源水平综合评价

5.1 研究综述

5.1.1 研究背景与意义

随着人们生活质量的逐渐提升，人们对生态环境的关注度也不断提高。在20世纪60年代，人与自然关系的探索反思就得到了快速升温。1972年，联合国大会发表了《人类环境宣言》；20世纪90年代，许多有关环境问题的国际公约和文件相继问世，如《里约环境与发展宣言》《21世纪议程》《关于森林问题的原则声明》《联合国气候变化框架公约》《生物多样性公约》，标志着人与自然和谐发展成为全球共识。在全球关注生态问题的大背景下，中国也越来越关注经济、社会与环境协调发展的问题，《中国21世纪议程——中国21世纪人口、环境与发展白皮书》《全国生态环境保护纲要》《可持续发展科技纲要》等一系列相关重要文件相继颁布。建设生态良好的文明社会被党的十六大列为全面建设小康社会的目标之一。构建和谐社会、建设资源节约型和环境友好型社会的战略主张在党的十六届六中全会中被提出。建设生态文明由党的十七大报告提出，并成为实现全面建设小康社会奋斗目标的新要求之一。生态文明的提出是人们对可持续发展问题认识深化的必然结果。

生态文明的崛起是一场涉及生产方式、生活方式和价值观念的世界性革命，是不可逆转的世界潮流，同时也是继农业文明、工业文明后人类社会进行的一次新的选择。

评价研究我国省域环境发展水平，深入研究环境发展的空间分异性，具有非常重大的实践意义：环境高质量发展体现了我国建设和谐社会、创造美丽中国的目标。建设生态文明使和谐理念在区域思想认识上得到了飞跃，使环境保护与社会经济发展二者在辩证关系的认识上得到了升华，使环境保护基本国策的内涵更加充实、深化，使贯彻落实科学发展观有了新任务，使生态环境建设有了新目标。因此，环境高质量发展评价系统的建立和空间分异性的研究将解决大量烦琐的指标数据计算问题，并且为各地区提高环境发展质量提供有效可行的决策措施。

5.1.2　研究现状

5.1.2.1　国内研究现状

随着国内生态文明建设步伐的加快，许多学者也加强了对生态文明建设的评价。学界普遍认为，生态文明建设的原则为创造性与导向性相结合、实用性与科学性相结合、代表性与综合性相结合、特色性与区域性相结合、层次性与系统性相结合等；生态文明建设评价指标体系包含的指标有生态环境质量、生态文明生活、生态文明意识、生态文明制度和生态文明经济等。早在 2009 年，北京林业大学课题组就建立了包括社会发展、生态活力和环境质量等指标的省级生态文明建设评价体系，通过"总指标、考察领域和具体指标"三个层次框架体系量化评价我国各个地区生态文明建设的进展，并公布了我国第一份省级综合性生态文明建设评价报告，对我国生态文明建设具有划时代的意义。

5.1.2.2 国外研究现状

早在 20 世纪中后期，全球出现一些共性问题如能源危机等，随后出现了很多环保运动。1972 年 6 月 16 日，联合国人类环境会议全体会议于斯德哥尔摩通过了《人类环境宣言》，并定每年的 6 月 5 日为"世界环境日"，从此为全球共同参与保护环境的活动揭开序幕，同时由原来以群众为主体的环保运动转变成以政府为主体的环境保护活动。在 1983 年至 2007 年期间，发生了许多标志性事件，如世界环境与发展委员会的成立、在《我们共同的未来》报告中提出可持续发展模式、《21 世纪议程》的通过、2002 年召开的第一届可持续发展世界首脑会议和 2007 年以"冰川消融，后果堪忧"为主题的世界环境日。每个事件都反映着现代人对生态文明建设和可持续发展的认知，生态文明建设已经成为全球人类发展的必然结果。国外的生态文明建设以发展清洁能源和促进节能减排的方针来构建，如：新加城建设世界顶级清洁能源枢纽，力求加快研发替代能源资源；德国等发达国家重视研发和采用大量新能源新技术，对加快利用再生能源、促进家庭节能起到显著的节能效果；日本将生态文明发展作为长期的战略目标，全社会自觉进行节能活动，对加快推进节能服务业的发展起到了促进作用。

5.1.3 研究内容与研究路线

5.1.3.1 研究内容

考虑到空间面板数据的特殊性，本章利用 2007—2015 年全国 31 个地区的经济指标（GDP）数据及 15 个环境发展指标数据，通过主成分分析和空间计量经济学的一些常用方法，研究分析中国环境发展的质量评价和空间分异性。

从内容的安排来看，本章共有五个部分。第一部分在研究背景的基础上提出研究意义和研究路线；第二部分概述了变量与模型的选取；第三部分通过主成分分析和系统聚类模型，对中国环境发展现状进行质量评价；第四部分结合空间面板数据，利用全域 Moran's I 指数和局域 Moran's I 散点图对空间相关性进行研究，在多种空间计量模型中对比出全域最优模型，并利用地理加权回归模型（GWR）分析环境发展指标溢出的区域格局，说明空间的非稳定性；第五部分对研究进行总结并提出建议。

从模型的选择来看，本章从线性回归模型开始优化，利用 LM 检验及模型稳健性检验对空间回归模型进行选择，再结合空间面板数据的特质性对固定（随机）效应模型进行探究，最终对比得出最优全域空间回归模型；在局域层面，同样以线性回归作为基础，为了研究空间的非平稳性，选择地理加权回归模型，并对其拟合度进行检验。

5.1.3.2 研究路线

本章的研究路线见图 5 - 1。

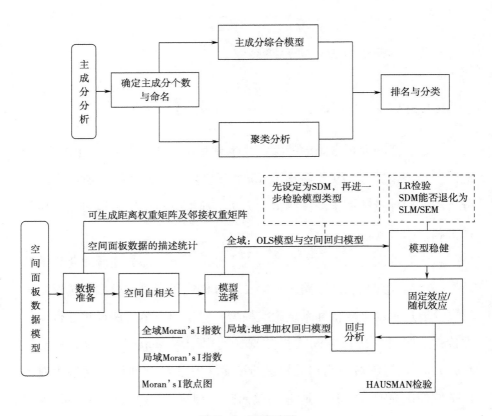

图 5 - 1　研究路线

5.2　变量与模型的选取

5.2.1　变量的选取

　　本章所有数据均来源于国家统计局数据库，选取地区生产总值（GDP）来衡量各地区经济的增长，根据国家统计局环境高质量发展指标的分类，本章选取 15 个环境发展指标进行研究，如表 5 - 1 所示。

表 5 - 1　各变量名称及其表示

变量名称	表示	性质
地区生产总值	GDP	正指标
GDP 能耗	X_1	逆指标
城市建成区绿化覆盖率	X_2	正指标
城市污水处理率	X_3	正指标
城市污水日处理能力	X_4	正指标
各地区空气质量达标天数	X_5	正指标
工业二氧化硫排放量	X_6	逆指标
工业废气排放量	X_7	逆指标
工业废水排放量	X_8	逆指标
工业固体废物年产生量	X_9	逆指标
工业固体废物利用率	X_{10}	正指标
工业固体废物综合年利用率	X_{11}	正指标
森林年覆盖率	X_{12}	正指标
生活垃圾无害化处理率	X_{13}	正指标
一般公共预算支出	X_{14}	正指标
一般公共预算支出节能环保部分	X_{15}	正指标

5.2.2　模型的选择

主成分分析（principal component analysis，PCA）是一种统计方法。通过正交变换将一组可能存在相关性的变量转换为一组线性不相关的变量，转换后的这组变量叫主成分。主成分分析是一种降维的统计方法，借助于正交变换，将其分量相关的原随机向量转化成其分量不相关的新随机向量，在代数上表现为将原随机向量的协方差阵变换成对角线阵，在几何上表现为将原坐标系变成新的正交坐标系，使之指向样本点散布

最开的 p 个正交方向，然后对多维变量系统进行降维处理，使之能以一个较高的精度转换成低维变量系统，再通过构造适当的价值函数，进一步把低维系统转化成一维系统。

系统聚类法（hierarchical cluster method）也叫"分层聚类法"。系统聚类法是国内外使用得最多的一种聚类方法，这种方法是先将聚类的样本或变量各自看成一群，然后确定类与类间的相似统计量，并选择最接近的两类或若干个类合并成一个新类，计算新类与其他各类间的相似性统计量，再选择最接近的两群或若干群合并成一个新类，直到所有的样本或变量都合并成一类为止。常用的系统聚类法是以距离为相似统计量时确定新类与其他各类之间距离的方法，如最短距离法、最长距离法、中间距离法、重心法、群平均法、离差平方和法、欧氏距离等。

空间误差模型（spatial error model，SEM）的数学表达式为：

$$y = X\beta + \mu \qquad\qquad (5-1)$$

$$\mu = \lambda W_\mu + \varepsilon, \varepsilon \sim N(0, \sigma^2 I_n) \qquad\qquad (5-2)$$

式中，y 是被解释变量；X 是解释变量矩阵；λ 是空间回归系数；W 是空间权重矩阵。

由于 SEM 与时间序列中的序列相关问题类似，因此 SEM 也被称为空间自相关模型（spatial autocorrelation model，SAC）。

空间滞后模型（spatial lag model，SLM）主要探讨各变量在一个地区是否有扩散现象（溢出效应）。其模型表达式为：

$$y = \rho W y + X\beta + \varepsilon, \varepsilon \sim N(0, \sigma^2 I_n) \qquad\qquad (5-3)$$

式中，y 为被解释变量；X 为 $n \times k$ 维的外生解释变量矩阵；ρ 为空间回归系数，反映了空间单元之间的相互关系；W 是 $n \times n$ 维的空间权值矩阵；Wy 为空间权值矩阵 W 的空间滞后因变量，反映了空间距离对各空间单元之间的作用；ε 是随机误差向量；参数 β 主要反映了自变量 X 对因变量 y 的影响。

由于 SLM 与时间序列中自回归模型相类似，因此 SLM 也被称作空间自回归模型（spatial autoregressive model，SAR）。

空间杜宾模型（spatial dubin model，SDM）的数学表达式为：

$$y = \lambda W_1 y + X\beta_1 + W_2\beta_2 + \varepsilon, \varepsilon \sim N(0, \sigma^2 I_n) \tag{5-4}$$

式中，λ 为空间回归系数；β_1，β_2 为变量的空间自相关系数；W_1 为因变量空间权重矩阵，W_2 为自变量空间权重矩阵，两者可以设置为相同或不同的矩阵；其余变量与空间误差模型的变量释义相同。空间杜宾模型考虑了自变量空间滞后项与因变量之间的相关性，在 LM 检验中一般先默认为空间杜宾模型。

地理加权回归模型（GWR）扩展了普通线性回归。在扩展的 GWR 模型中，特定区位的回归系数不再是利用全部信息获得的假定常数，而是利用邻近观测值的子样本数据信息进行局域回归估计得到的随着空间上局域地理位置变化而变化的变数，GWR 模型可以表示为：

$$y_i = \beta_0(u_i, v_i) + \sum_{j=1}^{k} \beta_j(u_i, v_i) x_{ij} + \varepsilon_i \tag{5-5}$$

式中，β_j 系数下标 j 表示与 $m \times 1$ 观测值联系的待估计参数向量，是关于地理位置 (u_i, v_i) 的 $(k+1)$ 元函数，GWR 可以对每个观测值估计出 k 个参数向量的估计值；ε 是第 i 个区域的随机误差，满足零均值、同方差、相互独立等球形扰动假定。

由于极大似然法的解不唯一，因而蒂施莱尼（Tibshirani）和黑斯蒂（Hastie）提出了局域求解法，采用加权最小二乘法来估计参数，权重根据地理空间位置来确定。

5.3 环境发展的质量评价

5.3.1 主成分分析

5.3.1.1 主成分的选取与命名

利用 Stata 软件对 2015 年环境发展的 15 个指标进行主成分分析，结合特征值与累积贡献率判断主成分个数，如表 5-2 所示。

表 5-2 主成分的特征值、方差贡献率

成分	特征值	方差贡献率	累积贡献率
F_1	7. 820 000	0. 521 3	0. 521 3
F_2	2. 773 780	0. 184 9	0. 706 3
F_3	1. 549 350	0. 103 3	0. 809 5
F_4	1. 020 040	0. 068 0	0. 877 5
F_5	0. 570 218	0. 038 0	0. 915 6
F_6	0. 469 975	0. 031 3	0. 946 9
F_7	0. 280 093	0. 018 7	0. 965 6
F_8	0. 222 485	0. 014 8	0. 980 4
F_9	0. 110 692	0. 007 4	0. 987 8
F_{10}	0. 068 404	0. 004 6	0. 992 3
F_{11}	0. 053 644	0. 003 6	0. 995 9
F_{12}	0. 030 864	0. 002 1	0. 998 0
F_{13}	0. 018 496	0. 001 2	0. 999 2
F_{14}	0. 011 925	0. 000 8	1. 000 0
F_{15}	0. 000 032	0. 000 0	1. 000 0

由表 5 - 2 可知，初始特征值远超过 1 的有 3 个主成分，分别为 F_1、F_2、F_3，其累计贡献率达到 80.95%，这表明前 3 个主成分所含的信息占全部信息量的 80.95%，具有较高的代表性。根据主成分的得分系数矩阵得出前 3 个主成分的线性组合表达式为：

$$F_1 = -0.037\,1X_1 + 0.052\,2X_2 + 0.315\,6X_3 + 0.321\,3X_4 - 0.155\,4X_5$$
$$+ 0.266\,9X_6 + 0.337\,7X_7 + 0.338\,5X_8 + 0.239\,8X_9 + 0.280\,6X_{10}$$
$$+ 0.316\,6X_{11} + 0.091\,4X_{12} + 0.291\,2X_{13} + 0.282\,2X_{14} + 0.244\,5X_{15} \quad (5-6)$$

$$F_2 = -0.557\,1X_1 + 0.455\,4X_2 - 0.088\,2X_3 + 0.190\,8X_4 + 0.009\,7X_5$$
$$- 0.1741X_6 - 0.112\,5X_7 + 0.053\,9X_8 - 0.248\,6X_9 - 0.034\,1X_{10}$$
$$- 0.216\,9X_{11} + 0.366\,4X_{12} - 0.137\,2X_{13} + 0.271\,8X_{14} + 0.234\,8X_{15} \quad (5-7)$$

$$F_3 = -0.085\,6X_1 - 0.141\,5X_2 + 0.293\,7X_3 + 0.011\,6X_4 + 0.501\,8X_5$$
$$- 0.044\,8X_6 - 0.071\,1X_7 + 0.016\,3X_8 - 0.259\,2X_9 + 0.345\,9X_{10}$$
$$- 0.058\,3X_{11} + 0.382\,0X_{12} + 0.365\,8X_{13} - 0.211\,0X_{14} - 0.335\,7X_{15} \quad (5-8)$$

其中，X_i 是各指标的对数值。

根据上述 3 个主成分的线性组合表达式，可以计算出中国 31 个地区环境发展水平的各自得分，部分得分及排名结果如表 5 - 3 所示。

表 5 - 3 地区得分与排名

排名	地区	F_1 得分	地区	F_2 得分	地区	F_3 得分
1	江苏	3.525	北京	3.476	海南	3.395
2	山东	3.181	西藏	2.587	福建	1.590
3	河北	2.602	广东	2.584	广西	1.328
……	……	……	……	……	……	……
29	青海	-2.651	新疆	-2.673	河北	-1.843
30	海南	-4.655	宁夏	-2.990	山东	-2.183
31	西藏	-12.037	青海	-4.336	西藏	-3.039

从主成分结果可以看出，第一主成分（F_1）与城市污水处理率、

城市污水日处理能力、工业二氧化硫排放量、工业废气排放量、工业废水排放量、工业固体废物利用率、一般公共预算支出有很强的正相关性，可以将其称为经济和谐因素。这一因素排名前三的是江苏、山东和河北，可见这三个地区经济水平高速发展的同时也拥有良好的环境发展质量。青海、海南、西藏排名靠后，说明其虽然自然环境良好，但其经济水平低下。

第二主成分（F_2）与城市建成区绿化覆盖率、森林年覆盖率有较强的正相关性，与 GDP 能耗有较强的负相关性，可以将其称为绿化能源因素。这一因素排名前三的是北京、西藏、广东，排名靠后的是新疆、宁夏和青海。

第三主成分（F_3）与各地区空气质量达标天数、生活垃圾无害化处理率、工业固体废物利用率有较强的正相关性，与工业固体废物年产生量、一般公共预算支出节能环保部分有较强的负相关性，可以将其称为节能环保因素。这一因素排名前三的是海南、福建、广西，排名靠后的是河北、山东、西藏。

5.3.1.2 综合因子得分和排名

结合上述分析，分析 3 个主成分的因子成分得到的均为单个成分，解释说明了环境发展某一方面的强弱并不能代表环境发展的综合实力。因此，要对各地区的环境发展水平进行综合评价，则需要计算包含 3 个主成分的综合因子得分，从而进行比较排序。

构造综合评价模型：

$$F = (\alpha_1 F_1 + \alpha_2 F_2 + \cdots + \alpha_n F_n)/\beta \tag{5-9}$$

式中，α_1，α_2，$\cdots$，α_n 是各主成分的方差贡献率；β 为累积贡献率。经计算，这 3 个主成分的权重值为 0.644、0.228、0.128。代入模型可以得到各地区环境发展水平综合得分的计算公式为：

$$F = 0.644F_1 + 0.228F_2 + 0.128F_3 \qquad (5-10)$$

根据综合得分公式计算得分并排序，得分及排名如表 5 - 4 所示。

表 5 - 4　各地区环境发展水平因子综合得分及排序

地区	综合得分	排名
江苏	2.347	1
广东	2.216	2
山东	1.853	3
浙江	1.505	4
河北	1.296	5
河南	1.220	6
安徽	1.016	7
湖北	0.919	8
辽宁	0.746	9
湖南	0.728	10
四川	0.719	11
福建	0.702	12
江西	0.506	13
陕西	0.488	14
重庆	0.449	15
广西	0.396	16
上海	0.375	17
北京	0.362	18
云南	0.211	19
内蒙古	0.155	20
黑龙江	0.108	21

地区	综合得分	排名
山西	- 0.040	22
吉林	- 0.112	23
贵州	- 0.406	24
天津	- 0.564	25
新疆	- 1.154	26
甘肃	- 1.361	27
宁夏	- 1.994	28
海南	- 2.409	29
青海	- 2.728	30
西藏	- 7.551	31

　　根据综合得分及排名，2015 年中国 31 个地区中，环境发展水平最高的是江苏，综合得分为 2.347 分；其次是广东、山东和浙江；发展水平较为落后的几个地区为新疆、甘肃、宁夏、海南、青海和西藏，得分分别为 - 1.154 分、- 1.361 分、- 1.994 分、- 2.409 分、- 2.728 分、- 7.551 分。江苏位于东部沿海地区，与上海、浙江、安徽、山东相邻。总体而言，江苏地理位置优越，自然资源丰富，环境发展质量高。而新疆、甘肃、宁夏、海南、青海和西藏地理位置偏僻，地形、气候、资源远不及东部沿海地区，经济水平落后，故其环境综合发展水平不高。总体来看，综合得分为正，表明该地区环境发展水平在总体平均水平之上；反之，则在平均水平之下。高于平均水平的有 21 个地区，占全部地区的 67.7% ；低于平均水平的有 10 个地区，占全部地区的 32.3% 。其中，综合得分排名前 10 的地区中有 6 个属于东部沿海地区，即得分较高、环境发展较好的多为东部沿海地区；而得分较低且为负值

的多为中西部地区，综合排名后 10 名的地区中有 7 个属于中西部地区，表明中西部环境发展水平相对落后。

5.3.2 系统聚类分析

依据各地区环境发展水平的 3 个主成分得分，本章通过系统聚类法对 31 个地区环境发展情况的相似度进行聚类分析，通过聚类谱系图结合各地区综合得分排名，将 31 个地区划分为 3 种类型（见图 5 - 2）。

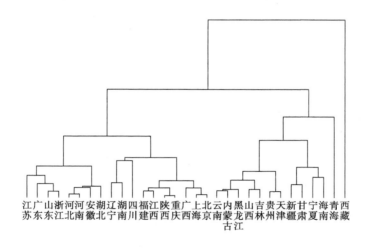

图 5 - 2 中国环境发展水平聚类谱系图

第一类：江苏、广东、山东、浙江、河北、河南、安徽、湖北、辽宁、湖南、四川、福建、江西、陕西、重庆、广西、上海、北京。这些地区的综合得分均为正值，且平均得分为 0.99（$\bar{F}>0$），可定义为环境高质量发展地区。

第二类：云南、内蒙古、黑龙江、山西、吉林、贵州、天津、新疆、甘肃、宁夏、海南、青海。这些地区综合得分的平均得分为 - 0.86（$-1<\bar{F}<0$），可定义为环境质量发展水平中等地区。

第三类：西藏。西藏的综合得分为 -7.55（$\bar{F} < -1$），可以定义为环境低质量发展地区。

中国环境发展水平存在明显的空间分异性，表现为东南沿海地区环境发展水平高，西北部地区环境发展水平中等，西藏的环境发展水平最低。3 种发展水平都非常集中，可以推测各地区环境发展水平的影响因素基本相近，所以表现为邻近地区的环境发展水平趋同。

5.4　环境发展的空间分异研究

为了减少建模过程中共线性和异方差的出现，本节采用数据对数化的方式缩小数据区间的差异。

5.4.1　空间相关性检验

在利用空间计量经济学模型进行分析前，需要通过全域 Moran's I 指数和局域 Moran's I 指数来检验中国 31 个地区的环境发展指标与经济指标的空间相关性。若存在空间相关性，则构建全域和局域的空间面板数据模型。

全域 Moran's I 指数：

$$I = \frac{n}{\sum_{i=1}^{n}\sum_{j=1}^{n} w_{ij}} \times \frac{\sum_{i=1}^{n}\sum_{j=1}^{n} w_{ij}(x_i - \bar{x})(x_j - \bar{x})}{\sum_{i}^{n}(x_i - \bar{x})^2} \qquad (5-11)$$

局域 Moran's I 指数：

$$I_i = \frac{n^2}{\sum_{i=1}^{n}\sum_{j=1}^{n} w_{ij}} \times \frac{(x_i - \bar{x}) \sum_{j}^{n} w_{ij}(x_j - \bar{x})}{\sum_{j}^{n}(x_j - \bar{x})^2} \tag{5-12}$$

式中，n 为 31 个地区；w_{ij} 是二进制的邻接空间权值矩阵，当区域 i 与 j 相邻时，w_{ij} 为 1，否则为 0；x_i 是第 i 个地区的相关经济指标值；$\bar{x}$ 为 31 个地区经济指标的平均值。

全域 Moran's I 指数与局域 Moran's I 指数的关系：

$$\sum_{i=1}^{n} I_i = n \times I \tag{5-13}$$

式（5-11）中的 I 为全域 Moran's I 指数，取值范围在 [-1，1]。当 $I > 0$ 时，说明相似的观测值趋于空间集聚；当 $I < 0$ 时，说明相似的观测值趋于分散分布；当 I 接近 0 时，表明不存在空间相关性。

式（5-12）中的 I_i 为局域 Moran's I 指数，它既可以反映第 i 个地区的经济发展水平，也可以反映周边地区的经济发展水平。

全域 Moran's I 指数与局域 Moran's I 指数相比有一定的局限性，前者只能判断全域的空间关系，后者还可以反映具体的内部空间联系（高高集聚或高低集聚）。

5.4.1.1 全域 Moran's I 指数

本章分别对 2007—2015 年每一个变量的 Moran's I 指数进行计算，最终结果均显著，说明经济变化与环境发展指标均为空间相关的。为了便于直观理解，本节利用 Stata 软件仅展示 GDP 和森林年覆盖率的 Moran's I 指数，结果如表 5-5 和表 5-6 所示。

表 5 – 5　2007—2015 年 GDP 的全域 Moran's I 指数及其显著性

年份	I	Z	p 值
2007	0.244	2.385	0.009
2008	0.246	2.410	0.008
2009	0.256	2.491	0.006
2010	0.254	2.481	0.007
2011	0.250	2.459	0.007
2012	0.244	2.403	0.008
2013	0.239	2.362	0.009
2014	0.239	2.360	0.009
2015	0.252	2.463	0.007

表 5 – 6　2007—2015 年森林年覆盖率的全域 Moran's I 指数及其显著性

年份	I	Z	p 值
2007	0.428	3.867	0.000
2008	0.428	3.867	0.000
2009	0.458	4.125	0.000
2010	0.458	4.125	0.000
2011	0.458	4.125	0.000
2012	0.458	4.125	0.000
2013	0.481	4.333	0.000
2014	0.481	4.333	0.000
2015	0.481	4.333	0.000

　　在计算出 Moran's I 指数后，对其进行假设检验，当区域个数 n 足够大时，Moran's I 指数近似服从正态分布，因此可以使用 Z 检验。在显著性为 5% 的水平下，只要满足 $|Z| > 1.96$（或者 p 值小于 0.05），

即可拒绝原假设。

2007—2015 年，各指标的全域 Moran's I 指数的 p 值在 1% 的显著性水平下均显著，指数值均在 0.3 左右，Z 得分超过临界值 1.96，说明环境发展指标与国内各地区经济在空间上并不是随机分布的，而是对于相似的观测值趋于空间集聚，表现出显著的空间依赖性。

5.4.1.2　局域 Moran's I 指数

Moran's I 指数是用来度量空间相关性的一个重要指标，而局域 Moran's I 指数可以表现空间的集聚性。高值表明有相似变量的面积单元在空间集聚，低值表明不相似变量的面积单元在空间集聚。本节结合 2019 年各指标数据进行局域 Moran's I 指数的计算，并利用 Stata 选取 GDP 和森林年覆盖率进行可视化操作，如图 5 - 3 和图 5 - 4 所示。

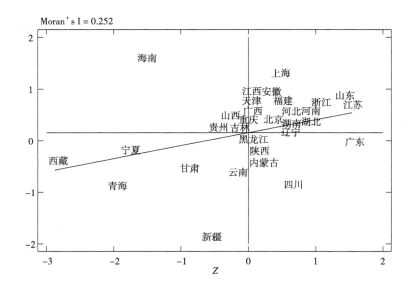

图 5 - 3　2015 年 GDP 的局域 Moran's I 散点图

在图 5 - 3 和图 5 - 4 中，第一象限为高高集聚区，第二象限为低高

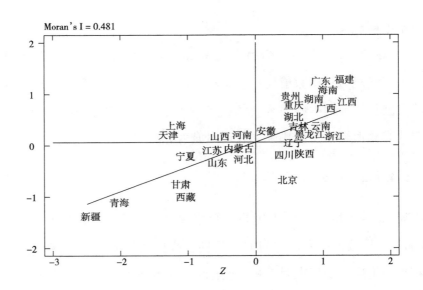

图 5 – 4   2015 年森林年覆盖率的局域 Moran's I 散点图

集聚区，第三象限为低低集聚区，第四象限为高低集聚区。结合本节数
据及 Moran's I 散点图的分布，可以明显看到，对于 GDP 而言，北京、
上海、江苏、浙江等位于第一象限的地区，其经济发展水平高，同时周
边地区发展水平也高，其经济发展外溢现象明显；对于海南、吉林、贵
州等第二象限的地区，虽然其自身经济发展水平低，但周边发展快速，
说明尚未受到经济外溢的影响；对于西藏、甘肃、新疆、宁夏、青海等
第三象限的地区，受到自身地理条件和文化差异的约束，其经济发展水
平低的同时，周边地区发展水平也低；而对于四川、广东、陕西等第四
象限的地区，自身发展迅速，拥有地区特色，经济发展水平较高，但周
边地区跟不上其快速的发展，因而周边发展较为缓慢，呈现高低集聚的
趋势。对于森林年覆盖率而言，贵州、福建、重庆等位于第一象限的地
区，其森林覆盖率高，同时周边地区森林覆盖率同样可观；对于上海、
天津等第二象限的地区，虽然其自身森林覆盖率低，但周边森林覆盖率
高；对于西藏、甘肃、新疆、宁夏、青海这些第三象限的地区，受到自

身地理条件和资源匮乏的约束，其森林覆盖率低的同时，周边地区森林覆盖率也低；而对于四川、北京、陕西等第四象限的地区，自身森林覆盖率较高，但周边地区森林覆盖率较低，呈现高低集聚的趋势。

总体而言，从局部相关的角度来分析，第一、三象限的地区明显多于第二、四象限的地区，可见高高集聚和低低集聚的地区相较于高低集聚和低高集聚的地区更多，即经济、环境发展水平较高（低）的地区在空间上更易集聚。

5.4.2 空间面板回归模型的建立

空间计量模型用于处理横截面数据或面板数据回归模型中的空间相互作用和空间结构问题。对于时空问题的综合分析，参数的估计及模型的各种检验都需要借助空间计量模型，尤其是在经济学问题中，许多需要研究的对象是多维的，需要在空间问题中建立起一系列空间回归模型。因此，以下将系统地对环境发展指标和经济增长的关系做进一步的空间回归研究。

5.4.2.1 经典回归模型

为了便于后续的模型诊断与改进，首先选取 2015 年的相关数据，建立线性回归模型：

$$\ln GDP_i = \beta_0 + \beta_1 X_{1i} + \beta_2 X_{2i} + \cdots + \beta_{15} X_{15i} + \varepsilon_i,$$

$$i = 1, 2, \cdots, 31 \tag{5-14}$$

式中，β_0 为常数项，$\beta_k(k = 1, 2, 3, \cdots, 15)$ 为系数项，i 代表 31 个地区。

经典回归模型的参数估计采用最小二乘估计方法，参数估计结果如

表 5 - 7 所示。

表 5 - 7　线性回归模型参数估计

变量	参数估计	p 值
截距	0. 609	0. 000 ***
X_1	− 0. 224	0. 000 ***
X_2	0. 346	0. 005 ***
X_3	− 0. 098	0. 002 ***
X_4	0. 164	0. 000 ***
X_5	− 0. 249	0. 000 ***
X_6	0. 083	0. 000 ***
X_7	0. 001	0. 970
X_8	0. 168	0. 000 ***
X_9	− 0. 172	0. 152
X_{10}	− 0. 008	0. 952
X_{11}	0. 172	0. 172
X_{12}	0. 029	0. 145
X_{13}	− 0. 034	0. 292
X_{14}	0. 761	0. 000 ***
X_{15}	− 0. 054	0. 157
R^2		0. 97

注：*** 表示在 1% 的水平下显著。

从表 5 - 7 的估计结果可以看出，环境发展指标与经济增长之间有着密切的联系。线性回归模型的 R^2 虽然为 0. 97，但由于线性回归模型既没有考虑空间相关性，也没有考虑时间的动态变化，因此标准的 OLS 参数估计可能有很大偏差，需要借助空间面板数据对回归模型做进一步研究。

5.4.2.2 全域空间回归模型

空间单位的时间序列观测值称为空间面板数据。相比于线性回归模型，空间面板回归模型可以更好地结合研究对象的时空分布特征，探究其规律作用。空间面板回归模型一般有空间滞后模型（SLM）、空间误差模型（SEM）、空间杜宾模型（SDM）。本章利用邻接距离权重，结合拉格朗日（LM）检验对空间面板回归模型进行选择，结果如表 5-8 所示。

表 5-8　LM 检验

检验	p 值
空间误差模型：	
拉格朗日乘子法	0.000
稳健的拉格朗日乘子法	0.000
空间滞后模型：	
拉格朗日乘子法	0.000
稳健的拉格朗日乘子法	0.000
空间杜宾模型：	
拉格朗日乘子法	0.000
稳健的拉格朗日乘子法	0.000

LM 检验的原假设为模型残差不存在空间自回归，通过表 5-8 可以看到拉格朗日值均显著，由此说明拒绝原假设，模型存在空间自相关，则可以确定模型的设定形式为空间误差模型（SEM）或空间杜宾模型（SDM）。

鉴于 SLM、SEM 是 SDM 的特例，所以通过模型稳健性检验即似然比（LR）检验来验证 SDM 能否退化为 SLM/SEM，结果如表 5-9 所示。

表 5 – 9   LR 检验

检验	p 值
SDM→SLM	0.000
SDM→SEM	0.000

通过 LR 检验可以看到，无论是 SDM 退化为 SLM 还是 SDM 退化为 SEM，都是拒绝原假设的，因此可以说明，对于本章的数据，最适用的是 SDM。

鉴于空间面板数据是面板数据的特殊形式，其数据模型可以用来控制个体层面无法观测的特质性、非时变特征等（这些很难观察到，甚至不可能观察），但如果忽略了这些方面，有可能导致我们感兴趣的参数估计存在偏差或无效。为了对个体异质性进行建模，相关文献近年来研究了在固定效应和随机效应设定下的空间面板回归模型。从统计抽样的角度来说，随机效应假设符合从潜在的无限总体中进行个体抽样的性质。这使得埃洛斯特（Elhorst，2009）放弃了其在空间计量经济学中的实际效用，而是按常规从固定的国家和地区进行抽样。然而，在这个问题上，芒德拉克（Mundlak，1978）、伍德里奇（Wooldridge，2002）进行了总结，主要关注个体效应的统计性质而非术语本身，因而通常被视为随机变量，两者的主要区别是误差项与回归量之间能否设为不相关。因此，固定效应和随机效应被视为经典问题。Hausman 检验就是用来评价非相关假设，进而判断是否使用随机效应的标准检验。本章利用 Stata 进行了 Hausman 检验。

对于 Hausman 统计量检验，它的假设为：

H_0：个体效应与回归变量无关（随机效应回归模型）。

H_1：个体效应与回归变量相关（固定效应回归模型）。

Hausman 检验结果如表 5 – 10 所示。

表5－10　SDM 随机效应模型的 Hausman 检验

假设	p 值	R^2
SDM 随机模型	0.001 8	0.833 6

从表5－10中可以看到，Hausman 对应的概率是 0.001 8，即说明该模型拒绝原假设，建立 SDM 固定效应模型更为合适。三种固定效应模型的对比见表5－11。

表5－11　SDM 固定效应模型的选择

模型	R^2
时间固定效应模型	0.929 5
个体固定效应模型	0.775 7
双固定效应模型	0.717 4

由表5－11可知，时间固定效应模型的拟合度 R^2 最高，为 0.929 5，高于个体固定效应模型和双固定效应模型。再结合 LM 检验可以说明，SDM 的时间固定效应是最优的。

在空间相关的情况下，某一地区的环境发展不仅会直接影响到当地的经济，还会影响与这一地区存在空间相关性的地区，前者称为直接效应，后者称为间接效应（外溢效应）。由于 SDM 固定效应模型的估计参数并不能反映间接效应，因此需要对 SDM 固定效应模型进行一定的计算。

SDM 的矩阵形式如下：

$$y = (I_n - \rho W)^{-1}\alpha I_n + (I_n - \rho W)^{-1}(x\beta + WX\theta) + (I_n - \rho W)^{-1}\varepsilon \qquad (5-15)$$

Y 关于第 k 个变量的偏微分矩阵为：

$$\left[\frac{\partial y}{\partial x_{1k}} \cdots \frac{\partial y}{\partial x_{Nk}}\right] = (I_n - \rho W)^{-1}[I_n\beta_k + W\theta_k] \qquad (5-16)$$

式中，y 是 n 维因变量列向量，x 是 $n \times k$ 阶自变量矩阵，I_n 为 $N \times 1$ 的

单位向量，ρ 代表空间自相关系数，ε 是空随机干扰项，W 表示 $n \times n$ 阶空间权重矩阵，$WX\theta$ 代表空间滞后项，α 和 β 是模型的参数向量。

对于式（5-16），等式右端矩阵的主对角线元素对应着某个体的因变量对自变量的导数，表示直接效应；而主对角线以外的元素对应着某个体的因变量对其他个体自变量的偏导数，代表间接效应。由式（5-15）、式（5-16）可以分别计算得到基于邻接权重矩阵下的环境发展对经济增长的直接效应和间接效应，结果汇总如表5-12所示。

表5-12　SDM 解释变量的直接效应与间接效应

变量	直接效应	间接效应	总效应
X_1	-0.123 ***	-0.247 **	-0.370 **
X_2	0.308 ***	1.230 ***	1.538 ***
X_3	-0.028	0.025	-0.003
X_4	0.055 **	0.186 ***	0.241 ***
X_5	-0.127 ***	-0.089	-0.216 **
X_6	0.013	-0.054	-0.041
X_7	0.005	-0.002	0.003
X_8	0.186 ***	-0.193 ***	-0.008
X_9	0.053	-0.654 ***	-0.601 **
X_{10}	0.168 *	-0.682 ***	-0.514 *
X_{11}	-0.062	0.788 ***	0.726 ***
X_{12}	0.037 **	-0.077 *	-0.040
X_{13}	0.019	-0.068	-0.050
X_{14}	0.938 ***	-0.376 ***	0.563 ***
X_{15}	0.040	0.157 ***	0.197 ***

注：*、**、*** 分别表示在 10%、5%、1% 的水平下显著。

由上文分析可知，环境发展与经济发展均有非常显著的空间相关性，若忽略空间因素的影响，则无法全面透彻地分析经济对环境发展的作用机制和空间外溢效应。根据表 5-12 的估计结果，从总体来看，在直接效应下，X_1、X_2、X_4、X_5、X_8、X_{12}、X_{14} 通过了 5% 显著性水平的检验，说明 GDP 能耗、城市建成区绿化覆盖率、城市污水日处理能力、工业废水排放量、森林年覆盖率和一般公共预算支出对地区本身的经济有显著的影响，其中城市建成区绿化覆盖率、城市污水日处理能力、工业废水排放量、森林年覆盖率和一般公共预算支出对经济发展有正向促进作用，而 GDP 能耗和各地区空气质量达标天数对经济有抑制作用；在间接效应下，X_1、X_2、X_4、X_8、X_9、X_{10}、X_{11}、X_{14}、X_{15} 通过了 5% 显著性水平的检验，且 X_2、X_4、X_{11}、X_{15} 为正，说明城市建成区绿化覆盖率、城市污水日处理能力、工业固体废物综合年利用率和一般公共预算支出节能环保部分对相邻地区有正向外溢效用，而其余显著变量则多受到邻接地区的溢出效应影响。在总效应下，X_1、X_2、X_4、X_5、X_9、X_{11}、X_{14}、X_{15} 通过了 5% 显著性水平的检验，说明城市建成区绿化覆盖率、城市污水日处理能力、工业固体废物综合年利用率、一般公共预算支出和一般公共预算支出节能环保部分既有利于快速拉动本地区经济，也可以刺激邻接地区经济增长，而 GDP 能耗、各地区空气质量达标天数、工业固体废物年产生量在一定程度上限制了经济的增长。

5.4.2.3 局域空间回归模型

从全域层面分析了空间相关性和各变量的直接效应与间接效应后，为了分析中国经济增长与环境发展之间是否存在空间非平稳性，本章利用上述变量构建如下局域空间回归模型——地理加权回归模型（GWR）。

$$\ln GDP_i = \beta_{0i} W_i + \beta_{1i} W_i X_{1i} + \beta_{2i} W_i X_{2i} + \cdots + \beta_{15i} W_i X_{15i}$$

$$i = 1,2,3,\cdots,31 \tag{5-17}$$

式（5-17）中，i 代表各地区，W_i 为各地区的空间权重矩阵，权函数采用高斯函数，通过 ArcGIS 做广义交叉验证确定优化带宽 b 为 58.779 598。

为了更好地反映在时间变化下的参数估计分布情况，本章分别选取 2007 年和 2015 年的数据进行建模分析，在去除了冗余变量使得 VIF 值小于 7.5 后，剩余变量回归参数的空间非平稳性检验结果如表 5-13 所示。

表 5-13　各变量回归参数的空间非平稳性检验

检验统计量	p 值
X_1	0.000
X_2	0.054
X_5	0.951
X_8	0.000
X_{10}	0.271
X_{12}	0.265
X_{13}	0.907
X_{15}	0.000

从表 5-13 中回归参数的空间非平稳性检验来看，X_2、X_5、X_{10}、X_{12}、X_{13} 的 p 值大于 0.05，而 X_1、X_8、X_{15} 的 p 值小于 0.05，即为显著的。这说明，城市建成区绿化覆盖率、各地区空气质量达标天数、工业固体废物利用率、森林年覆盖率、生活垃圾无害化处理率并不会因为地理位置的变化对经济造成影响，可以理解为这五个变量对经济的影响是全局的，而 GDP 能耗、工业废水排放量、一般公共预算支出节能环保部分对经济的影响是局部的。

5.5 结论与启示

本章通过主成分分析、聚类分析、空间回归分析对中国环境质量发展水平进行了系统的评价与空间分异性研究。

事实证明,可以从经济、生态和资源三个方面去衡量评价中国环境发展水平,而度量这三个方面的 16 个主要初始指标通过主成分分析综合表现为经济和谐、绿化能源和节能环保三个因素,中国不同地区这三个因素发展程度的不同一定程度上造成了各地区环境发展水平的高低差异。

中国环境质量发展水平参差不齐,表现出南北两极分化的特征,东南沿海地区环境发展水平高,西北地区环境发展呈现中低水平,环境发展水平相似的地区在空间上表现出集聚分布。可以推测,这一区域差异化特征主要是因为中国各地区的自然资源和环境条件及经济水平不同,导致主成分的三个因素发展程度高低不同。

结合中国各地区环境发展的分异性,深入探索环境因素对经济发展的影响,可以看到:在全域层面,通过 SDM 的时间固定效应模型发现,中国环境发展指标在邻接权重矩阵下地区间有明显的直接效应和空间外溢效应。利用环境指标的外溢,可以拉动促进邻接地区的经济增长,从而推进区域经济的发展。总的来说,城市建成区绿化覆盖率、城市污水日处理能力、工业固体废物综合年利用率、一般公共预算支出和一般公共预算支出节能环保部分既有利于快速拉动本地区经济,也可以刺激相邻地区经济增长,而 GDP 能耗、工业固体废物年产生量等指标在一定程度上限制了经济的增长。因此,各地区在刺激经济增长的同时,还需要注意环境发展的现状。

在局域层面，中国经济增长与环境发展的整体关系存在空间非平稳性，即描述空间关系的参数会在空间上变化。随着时间的推移，GDP能耗和工业废水排放量对经济的影响差别不大，一般公共预算支出节能环保部分对经济的影响程度发生了明显的空间转移。因此，对于拉动经济发展，我国不仅需要加大对环境指标的投入，更要关注实时情势，在环境高水平发展的问题上对症下药。

6

基于分位数回归方法的京津冀地区经济差异统计分析

6.1 研究现状

改革开放以来，我国经济快速发展，取得了举世瞩目的成就。京津冀地区以其发达便捷的交通、雄厚的工业基础和科技教育实力，奠定了其在中国转型升级发展中无可替代的战略地位。然而，地区内部资源分配不均、人口过度聚集、交通拥堵、环境严重污染等问题突出，导致区域经济发展失衡，严重地制约了京津冀的可持续发展。

2014年2月，习近平总书记在北京听取京津冀协同发展工作汇报时，针对京津冀发展现状，强调实现京津冀协同发展是一个重大国家战略，要坚持优势互补、互利共赢、扎实推进，加快走出一条科学持续的协同发展道路。2017年，党的十九大报告进一步强调京津冀协同发展的总体战略，并明确指出"以疏解北京非首都功能为'牛鼻子'推动京津冀协同发展"的战略思路。实现京津冀协同发展的前提是认清京津冀各地区发展的特点和面临的主要矛盾，并适时缩小京津冀区域经济的差异。

近年来，针对京津冀经济发展不平衡现状，学术界进行了大量研究。刘会政等运用CGE模型分析了劳动力流动对京津冀区域经济增长及地区差距的影响①。周国富等以京津冀各地级市 2003—2014 年的面板数据为样本，运用熵指标将产业多样化分解成相关多样化和无关多样化，考察了京津冀各地级市的产业关联特征②。张学波等将修正的 Conley – Ligon 模型与空间马尔可夫链分析法相结合，探讨了京津冀区域经济发展过程中的溢出效应空间格局及其对经济水平空间格局演变的影响③。刘浩等研究了京津冀地区经济发展格局的时空演化及其影响因素④。综观现有相关研究，虽然采用的统计测量方法均能在一定程度上反映京津冀区域经济差异的程度，但往往缺乏精确性和时序性。同时，传统的统计指标方法，如变差系数、离均差系数、基尼系数、希尔指数等，常忽略了空间因素和时间因素的考量，导致时间轴和空间轴信息量的缺失，进而影响研究结论的科学性。

针对区域经济发展差异，较新的统计测度方法是基于面板数据模型的分析方法，它集合了时间序列和截面数据的共同优点，既能反映某一时期每个个体数据的特征，也能描述每个个体随时间变化的规律。但是，现有的基于面板数据模型的统计方法大多将研究个体按照地理区位或者其他要素先行分类，而后再对分类后的数据进行面板分析和差异比较，常导致主观分组情况可能存在偏差、组数的确定有待商榷等问题。

---

① 刘会政，王立娜. 劳动力流动对京津冀区域经济发展差距的影响 [J]. 人口与经济，2016，(2): 10 – 20.

② 周国富，徐莹莹，高会珍. 产业多样化对京津冀经济发展的影响 [J]. 统计研究，2016，33 (12): 28 – 36.

③ 张学波，陈思宇，廖聪. 京津冀地区经济发展的空间溢出效应 [J]. 地理研究，2016，35 (9): 1753 – 1766.

④ 刘浩，马琳，李国平. 1990s 以来京津冀地区经济发展失衡格局的时空演化 [J]. 地理研究，2016，35 (3): 471 – 481.

基于此，本章将以京津冀地区 13 个城市人均 GDP 数据和三大产业数据为样本，基于分位数回归的面板数据模型估计方法，对改革开放四十余年来京津冀区域经济差异格局及其演化进行测度分析。该方法的优势在于不仅能够综合分析经济发展随时间变化的规律、各城市间的经济发展差异，而且还能从各个分位水平动态透析各地区发展情况，希望能为京津冀协同发展战略的实施和相关政策的制定提供决策参考。

6.2　数据来源与理论方法

6.2.1　数据来源

京津冀是中国的"首都经济圈"，包括北京、天津及河北省的保定、唐山、廊坊、石家庄、秦皇岛、张家口、承德、沧州、邯郸、邢台、衡水等 13 个城市。13 个城市 2017 年末常住总人口为 11 247 万人；2017 年 GDP 总值为 82 560 万亿元。

人均 GDP 既考虑了经济总量的大小，又结合了人口的因素，因此是一个能客观反映一国或地区发展水平的重要经济指标。本章采用人均 GDP 来测度区域经济发展水平，收集京津冀区域内 13 个城市 1978—2017 年的人均 GDP 数据，数据主要来源于历年各城市的统计年鉴。

6.2.2　理论方法

对人均 GDP 的分析，常用的方法是运用时间序列模型对数据进行建模，从而对经济发展趋势进行预测。近年来，越来越多的学者把GDP 数据用面板数据来建模，推断出数据间的区别与联系。博霍姆等（Bonhomme et al）针对线性模型中截距参数是组内相同、组间互异且组成员未知的情况，提出了基于最小二乘的迭代估计方法，并用该方法研究了国家民主水平与人均 GDP 之间的关系[①]。苏等（Su et al）针对面板数据中潜在群体结构的识别和估计，提出了一种惩罚回归的方法，而后运用此方法研究了 56 个国家的储蓄率和 GDP 数据，并将这些国家分为两个潜在的群体[②]。安多等（Ando et al）对于带有组因子结构的面板数据用最小二乘结合收缩惩罚进行估计，提出了 Cp 类准则来选取组数和各组共同参数的估计，并把此新方法应用到美国共同基金回报和中国大陆股票市场的分析中[③]。

章等（Zhang et al）[④] 对面板数据采用如下分位数回归：

$$Q_\tau(y_{it} \mid x_{it}) = \alpha_i(\tau) + x'_{it}\beta_{g_i(\tau)}(\tau) \qquad (6-1)$$

式中，$\alpha_i(\tau)$ 是第 i 个个体在水平 τ 下的固定效应；$g_i(\tau)$ 是第 i 个个体在水平 τ 下所在的组别（未知），在 $\{1,2,\cdots,G\}$ 中取值，组数 G 已知；模型中斜率参数是组内相同、组间互异的，$\beta_{g_i(\tau)}(\tau)$ 是第 $g_i(\tau)$ 组未知的斜率参数。采用如下两步估计。

第一步，先对每一个个体用分位数回归估计截距参数 $\alpha_i(\tau)$ 和斜率

① BONHOMME S, MANRESA E. Grouped patterns of heterogeneity in panel data [J]. Econometrica, 2015, 83 (3)：1147 –1184.

② SU L, SHI Z, PHILLIPS B. Identifying latent structures in panel data [J]. Econometrica, 2016, 84 (6)：2215 –2264.

③ ANDO T, BAI J. Clustering huge number of financial time series：a panel data approach with high dimensional predictors and factor structures [J]. Journal of the American statistical association, 2017, 112 (519)：1182 –1198.

④ ZHANG Y, WANG H J, ZHU Z. Quantile – regression – based clustering for panel data [J]. Journal of Econometrics, 2019, 213 (1)：54 –67.

参数 $\beta_i(\tau)$：

$$(\tilde{\alpha}_i(\tau), \tilde{\beta}_i(\tau)) = \underset{\alpha \in A(\tau), \beta \in \Theta(\tau)}{\operatorname{argmin}} \frac{1}{T} \sum_{t=1}^{T} \rho_{\tau}(y_{it} - \alpha - x'_{it}\beta) \qquad (6-2)$$

其中，$\rho_{\tau}(u) = \{\tau - I(u < 0)\} u$ 是分位数损失函数。

第二步，估计分组情况及各个组的斜率参数：

$$(\hat{B}(\tau), \hat{\gamma}(\tau)) = \underset{B(\tau) \subseteq \Theta(\tau), \gamma(\tau) \in F_G}{\operatorname{argmin}} \frac{1}{NT} \sum_{i=1}^{N} \sum_{t=1}^{T} \rho_{\tau}\{y_{it} - x'_{it}\beta_{g_i(\tau)}(\tau) - \tilde{\alpha}_i(\tau)\}$$

$$(6-3)$$

式中，$B(\tau) = (\beta_1(\tau), \beta_2(\tau), \cdots, \beta_G(\tau))'$ 是每个组在水平 τ 下的斜率参数；$\Theta(\tau)$ 是参数空间；$\gamma(\tau) = (g_1(\tau), g_2(\tau), \cdots, g_N(\tau))'$ 是每个个体在水平 τ 下的组别参数；F_G 是所有分组可能构成的集合。

章等（Zhang et al）在文中证明了该估计的 oracle 性质，但是对组数 G 的估计，仅根据分位数损失的变化率给出，而不是一个量化的准则。故本章提出对组数 G 的选取采用 BIC 准则，相对来说更加简便、精确。在下一节人均 GDP 数据的分析中，给出了两种选取方法的比较。

6.3　实证分析

6.3.1　数据建模

由于分位数回归可用于非正态随机误差，且具有比较稳健等优点，因此本章基于章等（Zhang et al）的方法，并结合 BIC 准则对改革开放以来京津冀地区的经济情况进行分析。

对 13 个城市 40 年的人均 GDP 数据建立如下模型：

$$y_{it} = \alpha_i(\tau) + y_{i,t-1} \cdot \beta_{g_i(\tau),1}(\tau) + t \cdot \beta_{g_i(\tau),2}(\tau) + \varepsilon_i(\tau), i = 1, \cdots, 13, t = 1, \cdots 40$$

$$(6-4)$$

式中，y_{it} 是第 i 个城市在第 t 年的人均 GDP 数据，$t = 1$ 即 1978 年；$\alpha_i(\tau)$ 是第 i 个城市在水平 τ 下的固定效应；$y_{i,t-1}$ 为响应变量的滞后一期值；$g_i(\tau)$ 表示第 i 个城市在水平 τ 下被分在了第 $g_i(\tau)$ 组，$g_i(\tau) \in \{1, \cdots, G\}$ 是未知的分组情况；$\beta_{g_i(\tau)}(\tau) = (\beta_{g_i(\tau),1}(\tau), \beta_{g_i(\tau),2}(\tau))'$ 是第 $g_i(\tau)$ 组共同的斜率系数，$\beta_{g_{,(\tau),1}}(\tau)$ 是在水平 τ 下第 $g_i(\tau)$ 组中 y_{it} 的自相关系数，即 $y_{i,t-1}$ 对 y_{it} 的影响，$\beta_{g_i(\tau),2}(\tau)$ 是在水平 τ 下第 $g_i(\tau)$ 组中 y_{it} 对时间 t 的系数；$\varepsilon_i(\tau)$ 是随机误差，其 τ 分位点为 0，τ 越小，回归直线越靠近增长率低的点。

需要指出的是，在此模型中位于同一组的城市具有同样的系数 $\beta(\tau)$，只能说明这些城市经济增长速度在一个水平线上，而不能说明它们的经济发展水平相同，因为每个城市的固定效应 $\alpha_i(\tau)$ 可能不同。组数 G 越大或者各组的系数 β 相差越大，说明区域经济发展差异越大；反之，组数越小且各组系数相差越小，则说明区域经济发展差异较小。

令 $x_{it} = (y_{i,t-1}, t)'$，则由式（6-2）可以估计出每个城市各自的回归系数 $\tilde{\alpha}_i(\tau)$，$\tilde{\beta}_i(\tau)$。

对于每一个固定的组数 G，根据式（6-3）给出斜率参数 $B(\tau) = (\beta_1(\tau), \beta_2(\tau), \cdots, \beta_G(\tau))'$ 和分组情况 $\gamma(\tau) = (g_1(\tau), g_2(\tau), \cdots, g_N(\tau))'$ 的估计，即：

$$(\hat{B}(\tau), \hat{\gamma}(\tau)) = \underset{B(\tau) \subseteq \Theta(\tau), \gamma(\tau) \in F_G}{\arg\min} \frac{1}{NT} \sum_{i=1}^{N} \sum_{t=1}^{T} \rho_\tau \{ y_{it} - x'_{it} \beta_{g_i(\tau)}(\tau) - \tilde{\alpha}_i(\tau) \}$$

$$(6-5)$$

对于比较小的 N（$\leqslant 20$），可以直接计算得出式（6-5）的结果。N 越大，式（6-5）的计算量越大，可以采用如下迭代的方法进行运算。

先给参数一个初值 $\hat{B}^{(0)}(\tau) = \{\hat{\beta}_g^{(0)}(\tau), g = 1,2,\cdots,G\}$，利用式（6-6）判定分组情况（$s=0$）：

$$\hat{g}_i^{(s+1)}\{\hat{B}^{(s)}(\tau),\tau\} = \underset{g \in \{1,\cdots,G\}}{\operatorname{argmin}} \frac{1}{T}\sum_{t=1}^{T}\rho_\tau\{y_i - x'_{it}\tilde{\beta}_g^{(s)}(\tau) - \tilde{\alpha}_i(\tau)\} \quad (6-6)$$

得到分组情况的估计 $\hat{\gamma}^{(s+1)}(\tau) = \{\hat{g}_i^{(s+1)}(\tau), i = 1,\cdots,N\}$，再由式（6-7）重新估计参数 β_g：

$$\hat{\beta}_g^{(s+1)}\{\tau,\hat{\gamma}^{(s+1)}(\tau)\} = \underset{b \in \Theta(\tau)}{\operatorname{argmin}} \frac{1}{NT}\sum_{i:g_i^{(s+1)}(\tau)=g}\sum_{t=1}^{T}\rho_\tau\{y_i - x'_{it}b_g(\tau) - \tilde{\alpha}_i(\tau)\}$$

$$(6-7)$$

循环式（6-6）与式（6-7）直至收敛。

本章中的数据量 $N=13$，所以直接最小化式（6-3）即得结果。

由于组数 G 取值太大和太小都没有意义，所以 G 的合理取值范围为 $[2,6]$。由于篇幅限制，本章仅列出 $G=3$ 时的结果，如表6-1所示。

表6-1 人均 GDP 数据分组情况（$G=3$）

τ	0.1	0.2	0.3	0.4	0.5	0.6	0.7	0.8	0.9
第一类	唐	京	京津	京津唐	京津唐	京津唐	京津唐	京	京石廊
$\beta_{g1,1}(\tau)$	0.918	1.031	1.038	1.044	1.044	1.043	1.057	1.053	1.080
$\beta_{g1,2}(\tau)$	162.187	119.672	86.569	76.559	95.919	113.455	113.472	120.011	77.480
第二类	京津	津唐	唐秦	石廊	石秦沧廊	石秦沧廊	石秦邯沧廊	津唐	津唐承
$\beta_{g2,1}(\tau)$	1.017	1.001	1.011	1.068	1.055	1.058	1.073	1.111	1.142
$\beta_{g2,2}(\tau)$	88.151	85.187	48.808	21.804	41.647	46.780	45.983	90.221	84.526
第三类	其他	其他	其他	其他	其他	其他	其他	其他	其他
$\beta_{g3,1}(\tau)$	1.016	1.029	1.042	1.037	1.040	1.043	1.047	1.105	1.119
$\beta_{g3,2}(\tau)$	11.837	15.985	15.811	21.073	28.117	31.570	38.641	34.407	33.093

注："京"代表北京，"津"代表天津，河北省各地区用首字代替，下同。

当组数 G 给定时，上文给出了具体的估计方法。而对于组数 G 的估计，根据章等（Zhang et al）提出的方法，画出了当 $\tau = 0.4$ 时分位数损失与组数 G 的关系图，如图 6-1 所示。由图 6-1 可以看出，在组数 $G=4$ 和 $G=5$ 时，分位数损失的变化率都比较大，难以确定 G 选取 4 还是 5。单一地考虑分位数损失的变化率而忽视 G 的取值大小（G 取值太大和太小都没有意义）有些欠妥，故本章采用 BIC 准则，即：

$$BIC = n\log(\hat{\sigma}_G) + \frac{1}{2}P_G\log(n) \tag{6-8}$$

式中，$\hat{\sigma}_G = \dfrac{1}{NT}\sum_{i=1}^{N}\sum_{t=1}^{T}\rho_\tau(y_{it} - \tilde{\alpha}_i(\tau) - x_{it}'\hat{\beta}_{g(i)}(\tau)), n = NT, P_G = N + 2G_\circ$

BIC 准则通过加入模型复杂度的惩罚项来避免过拟合问题，BIC 取值越小，模型越好。所以，通过式（6-8）达到最小来选取最优的组数 G。由 BIC 准则可得，当 $\tau = 0.4$ 时，组数 G 选取 4。

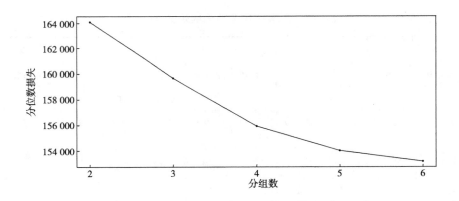

图 6-1　当 $\tau = 0.4$ 时分组数 G 与分位数损失关系图

对上述数值结果由 BIC 准则进一步分析，得到最优组别，如表 6-2 所示。

表 6 – 2　人均 GDP 的最优组数及分组情况

τ	0.1	0.2	0.3	0.4	0.5	0.6	0.7	0.8	0.9
组数	6	5	4	4	3	3	3	4	5
分组	京；津；唐；秦保；邯张承沧；石邢廊衡	京；唐；津；秦保邯张沧；石邢衡廊承	京津；唐；石廊；秦保邯邢衡保张承沧	京津；唐秦；石廊；邯邢衡保张承沧	京津唐；秦石沧廊；邯邢衡保张承	京津唐；秦石沧廊；邯邢衡保张承	京津唐；秦石沧廊邯；邢衡保张承	京；津；唐；石沧廊邯秦；邢衡保张	京；津；唐承；石沧廊；邯秦邢衡保张

注：分组以分号隔开；由于篇幅原因，仅给出 τ = 0.5 时系数 β 的值，下同。

6.3.2　人均 GDP 的结果分析

表 6 – 2 给出了京津冀 13 个城市人均 GDP 在不同分位水平的最优组数及分组情况。可以发现，分位数水平越大或者越小，最优分组数相对越大。反之，分位数水平越靠近 0.5，最优分组数越小。当分位数水平为 0.5 时，京津唐在同一组。随着分位数水平变大（或变小），京津唐逐渐被分成独立的三个组，而其他 10 个城市无论分位数如何变化，依然被分成三组（τ = 0.1 时，被分成三个组），只是分组情况略有变化。这说明，从整体经济水平来看，京津唐三地明显比其他 10 个城市发达。同时，这 10 个城市无论从哪个分位水平来看，差异都不是很大（由参数 β 的值也可以得出此结论）。

下面结合改革开放以来京津冀各城市的经济发展状况来解析表 6 – 2 中的结果。当 τ = 0.5 时，数据分析结果建议把 13 个城市分为三组，具体如下。

第一组包括北京、天津、唐山。京津作为直辖市受到各种国家政策倾斜，经济发展迅猛，而唐山承接了京津众多的重工业企业，直接推动了当地经济快速发展。三地无论是经济总量还是增速都遥遥领先于京津冀其他城市。

第二组包括石家庄、沧州、廊坊和秦皇岛。石家庄作为河北省的政治、经济、科技、金融和文化中心，经济稳步增长。沧州以石油化工为支柱产业，区域内海洋石油资源较丰富，拥有华北、大港两大油田主产区，且近年来持续推进的沿海经济区建设为其经济快速发展注入了动力。廊坊毗邻京津，得益于较为优越的地理位置条件，加之以装备制造业和高新技术产业为支柱的产业格局，其经济持续稳步增长。秦皇岛不仅是环渤海地区重要的港口城市，还是中国近代旅游业的发祥地，汇集了丰富的旅游资源，经济增速也较为明显。总的来看，上述 4 个城市都因其自身产业优势获得了经济的稳步增长。

第三组包括邯郸、邢台、衡水、保定、张家口和承德。这些城市缺乏支柱性产业，无明显的优势与特色，因此其人均 GDP 水平和增速都较低。

本章的分析方法不仅考虑了经济发展随时间变化的规律，而且从各个分位水平动态地考察各城市的发展情况，客观地给出了最优组数和分组结果，较全面和直观地分析了京津冀地区改革开放以来经济发展的总体情况。同时，通过上述分析可以发现，数据结果和京津冀地区经济发展的现实状况较为吻合。

6.3.3 三大产业的分析

为了进一步了解京津冀地区产业发展状况，本章对这 13 个城市 1978—2017 年间的三大产业增加值进行归类分析，结果如表 6 - 3、表 6 - 4 和表 6 - 5 所示。

表6-3　第一产业增加值的最优组数及分组情况

τ	0.1	0.2	0.3	0.4	0.5	0.6	0.7	0.8	0.9
组数	6	3	3	3	2	3	3	5	5
分组	京；唐保；廊衡；秦张承；津石邯邢沧	京廊衡；津石邯邢沧；唐保秦张承	京；唐邢沧廊衡；保秦张承津石邯	京；秦邢廊衡；唐沧保张承石邯	唐沧保张承石邯；京津秦邢廊衡	京津秦廊衡；邢邯沧张承；唐保石	京津秦廊衡；邢承；邯沧唐保石	石；唐京津秦廊衡；邢承；邯沧保	唐；京津秦廊衡；邢承；邯石；沧保张

基于分位数水平的动态观测可以发现，京津冀13个城市中没有哪个城市第一产业总体发展水平突出地优（或差）于其他城市。而从中位数水平（$\tau = 0.5$）来看，13个城市第一产业增加值的分组中，唐沧保张承石邯为第一梯队，$\beta_{g_1,1}(0.5) = 1.004, \beta_{g_1,2}(0.5) = 0.444$。京津秦邢廊衡为第二梯队，$\beta_{g_2,1}(0.5) = 1.004, \beta_{g_2,2}(0.5) = 0.19$。由 β 的值可以看出，第一产业增加值对自身前期基础具有依赖性，而对时间 t 的依赖程度不高。这可能与政府对第一产业关注度不高、扶持力度不大有一定关系。总的来说，13个城市在第一产业方面没有形成太大分化。由原始数据来看，第一梯队中的承德虽然在改革开放以来的前二十年中第一产业发展缓慢，但2004年以来与北京开展了众多农业项目的合作对接，从而迎来了农业发展的"春天"。第二梯队中的城市，由于地区功能定位、地理位置和自然环境条件等原因，第一产业发展较为缓慢。

表6-4　第二产业增加值的最优组数及分组情况

τ	0.1	0.2	0.3	0.4	0.5	0.6	0.7	0.8	0.9
组数	6	6	5	4	4	4	4	4	5
分组	京；津唐保；石邢廊；衡秦张承邯沧	京石；津唐；邯保邢沧廊；衡秦张承	京津；石唐邯保邢沧廊；衡秦张承	京津；石唐邯保邢沧廊；衡秦张承	津；京石唐邯保廊邢；衡秦张承	津京石唐邯保沧廊邢衡秦张承	津；唐京石邯保沧廊邢衡秦张承	京津唐；石邯保沧廊邢衡秦张承	京；津唐承石邯保沧邢廊；衡秦张

从中位数水平（ $\tau = 0.5$ ）来看，13 个城市第二产业的发展差距较大。天津作为典型的工业城市，第二产业增加值的增速领先于其他 12 个城市。天津工业发达、门类齐全，是中国近代工业的发祥地。北京由于最近十余年大力发展第三产业，而把大部分重工业企业转移到了津唐，所以从这四十年发展的整体情况来看，北京第二产业的发展没有进入第一梯队。第二梯队的参数为 $\beta_{g_2,1}(0.5) = 1.043$ 、 $\beta_{g_2,2}(0.5) = 2.927$ ，可以发现这些城市的第二产业发展也较为迅猛。第三梯队的 4 个城市的第二产业也在稳步发展，参数为 $\beta_{g_3,1}(0.5) = 1.039$ 、 $\beta_{g_3,2}(0.5) = 1.147$ ，保沧廊由于距离天津和北京较近，且多为平原地区，所以第二产业被带动发展了起来；而邯郸是传统工业基地，重工业占比较高，因此第二产业发展也较快。第四梯队的城市由于地理环境和历史原因等，第二产业发展较慢。

表 6 - 5　第三产业增加值的最优组数及分组情况

τ	0.1	0.2	0.3	0.4	0.5	0.6	0.7	0.8	0.9
组数	6	5	5	4	4	5	5	6	6
分组	京；津；保唐邯秦张；石邢廊承沧	京；津；唐保邯秦张沧；石邢廊衡承	京；津；唐保邯秦张沧；石邢廊衡承	京；津；唐；保邯秦张沧石邢廊衡承	京；津；唐；保邯秦张沧石邢廊衡承	京；津；石唐；邯秦张沧；邢保廊衡承	京；津；石唐；邯张沧秦邢保廊衡承	京；津；廊；石唐邯保沧秦邢衡承张	京；津；廊石唐邯沧；保秦邢衡承张

第三产业的发展分化较为严重。京津无论从哪个分位水平来看，都分别独自成一组，且北京遥遥领先于天津，而天津又明显领先于其他 11 个城市。从较高分位水平（ $\tau > 0.5$ ）来看，石家庄和唐山较河北省其他城市发展更快，但是从低分位水平（ $\tau < 0.5$ ）来看，唐山优于其他城市，且其他 10 个城市没有太大差别。对于北京来说，首都功能定位应该是其第三产业增加值及其增速远超其他城市的一个重要原因。

天津作为直辖市，国家给予的一系列先行先试的优惠政策为其产业结构转型升级提供了动力，但是供给规模有余，缺乏实际需求的支撑，限制了其第三产业的发展。所以，天津第三产业的增速虽略高于河北省11个城市，但却远低于北京。受强劲的第二产业带动，唐山的第三产业也稳步发展。而河北省其他10个城市由于受当地经济综合实力限制，第三产业发展较为缓慢。

6.4　结论与启示

本章运用基于面板数据的分位数回归结合 BIC 准则，对改革开放四十余年来京津冀地区的经济差异进行了动态分析。研究结论主要包括以下三个方面：第一，由经济总体水平、第二产业和第三产业视角来看，京津唐较其他10个城市发展快，成为环渤海区域经济的"金三角"。第二，从中位数水平来看，京津唐三地总体经济增速相差不大，但天津的第二产业增速略高于京唐，北京的第三产业增速远高于津唐。除去京津唐之外的10个城市，无论是整体经济水平还是三大产业发展速度，差异均不大。第三，不同分位数水平下，分组结果略有不同，且分位数水平越大或者越小，组数相对越多。

从国际经验来看，每个中心城市都有自己紧密辐射带动的区域，一般在100千米以内。通过多年来产业结构的调整和发展，北京和天津已分别在第三产业和第二产业方面取得了令人瞩目的成就，并已发展成为名副其实的国际都市和区域中心城市。但是，京、津两大都市都集中在京津冀区域北部，受空间距离影响，京津向南只能紧密辐射到廊坊、保定、沧州等地。邯郸、邢台、衡水三地已超出京津紧密辐射范围，地域广阔的冀中南地区缺乏大都市辐射带动。因此，加速石家庄和保定的崛起对带动冀中南地区发展具有重要意义。

"乡村振兴"是习近平总书记在党的十九大报告中提出的国家发展战略。根据目前产业发展现状，河北省北部地区和南部部分地区应借乡村振兴的"东风"大力发展第一产业和第三产业。但必须强调的是，任何一个大的经济体都应有比较完备的产业体系来支撑，各产业之间需要相互配合、协调运作才能发挥更高的效率。即使京津冀地区要大力发展第三产业，也不能放松对第一、二产业的发展。同时，京津冀地区应结合国内外发展趋势及地域特征，加快推进产业结构优化升级，大力发展现代服务业和新兴产业，促进社会经济健康、协调发展。

产业协同是京津冀协同发展的基础和关键。为了从更为多元的视角解析京津冀协同发展困局，并为相关政策制定和实践发展提供参考，未来有必要进一步关注非首都功能疏解与产业转移、北京新机场临空经济区建设与产业空间布局调整、雄安新区经济发展与产业布局、区域产业结构升级与新兴产业发展等方面的内容，并对其进行深入研究。

参考文献

［1］安娜.中国 R&D 投入对经济增长影响的回归分析［J］.科技管理研究，2009（5）.

［2］安同良，千慧雄.中国企业 R&D 补贴策略：补贴阈限、最优规模与模式选择［J］.经济研究，2021（1）：122－137.

［3］陈娟.城市居民生活质量研究［D］.成都：西南交通大学，2006.

［4］陈景华，陈姚，陈敏敏.中国经济高质量发展水平、区域差异及分布动态演进［J］.数量经济技术经济研究，2020，37（12）：108－126.

［5］范柏乃.我国城市居民生活质量评价体系的构建与实际测度［J］.浙江大学学报（人文社会科学版），2006（4）：122－131.

［6］范黎波，宋志红，宋志华.R&D 投入与经济增长的协整分析：基于中国 1987—2005 年数据［J］.财贸经济，2008（2）：25－29.

［7］郭琦.国家科技创新政策演变过程及实施效果评价研究［D］.太原：山西财经大学，2018.

［8］郭妍，张立光.环境规制对工业企业 R&D 投入影响的实证研究［J］.中国人口资源与环境，2014，24（3）：104－107.

［9］国家发展改革委经济研究所课题组.推动经济高质量发展研究［J］.宏观经济研究，2019（2）：5－17，91.

［10］国务院发展研究中心课题组.高质量发展的目标要求和战略

重点［M］.北京：中国发展出版社，2019.

　　［11］韩雪飞，贺梅英.R&D 投入与广州市宏观经济增长的实证研究［J］.广东农业科学，2010（5）：293 - 294.

　　［12］胡恩华，刘洪，张龙.我国科技投入经济效果的实证研究［J］.科研管理，2006（4）.

　　［13］胡亮，李正辉.中国 R&D 投入对经济增长贡献的变动特征研究［J］.经济纵横，2012（23）：102 - 105.

　　［14］胡健，张凡勇，李萍.面板数据模型的应用现状与发展趋势［J］.统计与决策，2010（17）：21 - 24.

　　［15］金江军.数字经济引领高质量发展［M］.北京：中信出版集团，2019.

　　［16］姜安印，陈卫强.高质量发展框架下中国居民生活质量测度［J］.统计与决策，2020，36（13）：5 - 9.

　　［17］金圣贤.中国研究与开发（R&D）及其效果研究［D］.长春：吉林大学，2020.

　　［18］靳庭良，郭建军.面板数据模型设定存在的问题及对策分析［J］.数量经济技术经济研究，2004（10）：131 - 135.

　　［19］李金昌，史龙梅，徐蔼婷.高质量发展评价指标体系探讨［J］.统计研究，2019（1）：4 - 14.

　　［20］李丽.我国居民生活质量的统计分析［D］.长沙：湖南大学，2003.

　　［21］李旭.我国各地区城镇居民生活质量的统计分析［J］.时代金融，2019（18）：91 - 92，103.

　　［22］李坤.中国经济高质量发展水平测度研究［D］.武汉：中南财经政法大学，2019.

［23］卢方元，靳丹丹．我国 R&D 投入对经济增长的影响：基于面板数据的实证分析［J］.中国工业经济，2011（3）：149－157.

［24］刘畅．中国沿海地区海洋经济高质量发展评价及时空演化分析［D］.大连：辽宁师范大学，2020.

［25］梁建英，宋晓杰．中国部分省、区、市经济高质量发展水平评价研究［J］.河北企业，2021（1）：14－16.

［26］刘宗飞，刘晓伟，赵伟峰．需求层次理论背景下农村居民生活质量评价：基于滁州市 2010—2019 年面板数据［J］.宿州学院学报，2021，36（1）：17－22.

［27］李因果，何晓群．面板数据聚类方法及应用［J］.统计研究，2010，27（9）：73－79.

［28］鲁邦克，邢茂源，杨青龙．中国经济高质量发展水平的测度与时空差异分析［J］.统计与决策，2019，35（21）：113－117.

［29］马茹，罗晖，王宏伟，等．中国区域经济高质量发展评价指标体系及测度研究［J］.中国软科学，2019（7）：60－67.

［30］孟纳纳．因子分析和聚类分析法在安徽省城市居民生活质量评估中的应用［J］.太原城市职业技术学院学报，2016（7）：14－15.

［31］米姣．陕西省 R&D 投入与经济增长［D］.西安：西安石油大学，2013.

［32］宁泽逵，宁攸凉．丝绸之路经济带国家（地区）信息通讯技术对经济增长的影响分析：基于变系数面板数据模型［J］.统计与信息论坛，2017（9）：98－106.

［33］彭念一，李丽．我国居民生活质量评价指标与综合评价研究［J］.湖南大学学报（社会科学版），2003（5）：21－25.

［34］曲哲涵．如何理解中国经济转向高质量发展［N］.人民日报，

2017 – 10 – 31（1）.

　　［35］任保平，李禹墨．新时代我国高质量发展评判体系的构建及其转型路径［J］.陕西师范大学学报（哲学社会科学版），2018（3）：2 – 10.

　　［36］阮陆宁，杨尚波．基于面板数据模型的第三产业就业效应分析：以江西省为例［J］.统计与决策，2010（21）：92 – 94.

　　［37］任保显．中国省域经济高质量发展水平测度及实现路径：基于使用价值的微观视角［J］.中国软科学，2020（10）：175 – 183.

　　［38］任娟．多指标面板数据聚类方法及其应用［J］.统计与决策，2012（4）：92 – 95.

　　［39］孙敬水，岳牡娟．我国 R&D 投入与经济增长实证研究：基于 Panel Data 模型分析［J］.科技管理研究，2009（7）.

　　［40］孙学工，郭春丽，等．中国经济高质量发展研究［M］.北京：人民出版社，2020.

　　［41］唐倩．中国城乡居民生活质量影响因素比较研究［D］.昆明：云南财经大学，2020.

　　［42］唐晓华，迟子茗．工业智能化对制造业高质量发展的影响研究［J］.当代财经，2021（5）：102 – 114.

　　［43］许治，周寄中．政府公共 R&D 与中国经济增长：基于协整的实证分析［J］.科研管理，2007，28（4）：60 – 66.

　　［44］吴延兵．中国工业 R&D 产出弹性测算（1993—2002）［J］.经济学，2008（3）：869 – 890.

　　［45］吴林海，杜文献．中国 R&D 投入与经济增长的关系：基于1991—2005 年间中国科技统计数据的协整分析［J］.科学管理研究，2008（4）.

［46］王莉．R&D 投入对经济增长的影响研究：基于我国数据分析
［D］．济南：山东财经大学，2016.

［47］王峰．河北省居民生活质量评价的实证研究［D］．保定：河
北大学，2008.

［48］王伟．我国经济高质量发展评价体系构建与测度研究［J］.
宁夏社会科学，2020（6）：82－92.

［49］汪杨岚．我国居民生活质量的评价［J］.市场论坛，2004
（10）：34－36.

［50］魏敏，李书昊．新时代中国经济高质量发展水平的测度研究
［J］.数量经济技术经济研究，2018，35（11）：3－20.

［51］文毅荣．我国居民生活质量的统计研究［D］.南京：南京财
经大学，2007.

［52］乌拉孜别克·热苏力汗，龚朝庭，陈敏．基于组合加权主成
分方法的新疆工会服务能力综合评价［J］.数理统计与管理，2016，35
（4）：571－578.

［53］谢兰云．我国投入与经济增长关系的计量分析［D］.大连：
东北财经大学，2009.

［54］杨皓月，李庆华，孙会敏，等．金融支持农业机械化发展的
路径选择研究：基于 31 省（区、市）面板数据的实证分析［J］.中国
农机化学报，2020，41（12）：202－209.

［55］姚洋，章奇．中国工业企业技术效率分析［J］.经济研究，
2001（10）：13－95.

［56］余江，叶林．中国新型城镇化发展水平的综合评价：构建、测
度与比较［J］.武汉大学学报（哲学社会科学版），2018（2）：145－156.

［57］余泳泽，杨晓章，张少辉．中国经济由高速增长向高质量发

展的时空转换特征研究［J］. 数量经济技术经济研究，2019，36（6）：3－21.

［58］赵建斌. 我国居民生活质量研究［D］. 太原：山西财经大学，2006.

［59］赵喜仓，陈海波. 我国 R&D 状况的区域比较分析［J］. 统计研究，2003（3）：38－42.

［60］张斌. R&D 投入与经济增长关系的实证研究［D］. 成都：电子科技大学，2006.

［61］张军扩，侯永志，刘培林，等. 高质量发展的目标要求和战略路径［J］. 管理世界，2019，35（7）：1－7.

［62］张立军，彭浩. 面板数据加权聚类分析方法研究［J］. 统计与信息论坛，2017，32（4）：21－26.

［63］朱春奎. 上海 R&D 投入与经济增长关系的协整分析［J］. 中国科技论坛，2004（6）：79－83.

［64］朱建平，陈民恳. 面板数据的聚类分析及其应用［J］. 统计研究，2007（4）：11－14.

［65］郑耀群，葛星. 中国经济高质量发展水平的测度及其空间非均衡分析［J］. 统计与决策，2020，36（24）：84－88.

［66］祖来克孜·米吉提. 基于 K－means 聚类法的新疆城镇居民生活质量水平研究［J］. 价值工程，2018，37（31）：106－109.

［67］张学波，陈思宇，廖聪. 京津冀地区经济发展的空间溢出效应［J］. 地理研究，2016，35（9）：1753－1766.

［68］周国富，徐莹莹，高会珍. 产业多样化对京津冀经济发展的影响［J］. 统计研究，2016，33（12）：28－36.

［69］ANDO T，BAI J. Clustering huge number of financial time series：

a panel data approach with high dimensional predictors and factor structures [J] . Journal of the American statistical association, 2017, 112 (519): 1182 – 1198.

[70] BALESTRA P, NERLOVE M . Pooling cross section and time series data in the estimation of a dynamic model: the demand for natural gas [J]. Econometrica, 1966, 34 (3): 585 – 612.

[71] BJORN A, TIMO M, JANINA R, et al. Analysing the effectiveness of R&D subsidies in East Germany [J]. German economic review, 2012, 13 (2): 174 – 195.

[72] JONES C. Growth: with or without scale effect [J]. American economic review, 1998, 89 (1): 139 – 144.

[73] COE D T, HELPMAN E . International R&D spillovers [J]. C. E. P. R. discussion papers, 1993, 39 (5): 859 – 887.

[74] COE D T, HELPMAN E, HOFFMAISTER A W . International R&D spillovers and institutions [J]. European economic review, 2009 (1): 53.

[75] DELA C R, QUINTANA F A, MARSHALL G. Model – based clustering for longitudinal data [J]. Computational statistics & data analysis, 2008, 52 (3): 1441 – 1457.

[76] GRILCHES Z, LICHTENBERG F. Inter – industry technology flows and productivity growth: a re – examination [J]. Review of economies studies, 1984, 86 (1): 324 – 329.

[77] GRILCHES Z. Productivity, R&D and basic research at the firm level in the 1970s [J]. American economic review, 1986, 76 (1): 141 – 154.

[78] VAN G. From R&D to pro – ductivity growth: do the institutional settings and the source of funds of R&D matter [J] . Oxford bulletin of

economics & statistic, 2004 (3): 353 – 376.

[79] HSIAO C. Analysis of panel data [M]. Cambridge: Cambridge University Press, 2003.

[80] JAFFE A, FOGARTY M, BANKS B. Evidence from patent citations on the impact of NASA and other federal labson commercial innovation [J]. Journal of industrial economics, 1998 (1).

[81] HAUSMAN J, HALL B, GRILICHES Z. Econometric models for count data with an application to the patents – R & D relationship [J]. Econometrica, 1984, 52 (4): 909 – 938.

[82] MANI S, MITRA S, SAMBAMOORTHI U. Dynamics in health and employment: evidence from Indonesia [J]. World development, 2018, 104 (1): 297 – 309.

[83] MARINO M, LHUILLERY S, PARROTTA P, et al. An overall evaluation of public R&D subsidy on private R&D expenditure [J]. Research policy, 2016, 45 (9): 25 – 36.

[84] MUNDLAK Y. On the pooling of time series and cross section data [J]. Econometrica, 1978, 46 (1): 69 – 85.

[85] NIE G, CHEN Y, ZHANG L, et al. Credit card customer analysis based on panel data clustering [J]. Procedia computer science, 2010, 1 (1): 2489 – 2497.

[86] ROCKOFF J E. The impact of individual teachers on student achievement: evidence from panel data [J]. American economic review, 2004, 94 (2): 247 – 252.

[87] BONHOMME S, MANRESA E. Grouped patterns of heterogeneity in panel data [J]. Econometrica, 2015, 83 (3): 1147 – 1184.

［88］ GRILICHES Z. Productivity, R&D and basic research at the firm level in the 1970s ［J］. American economic review, 1986 (76): 141 – 154.

［89］ SU L, SHI Z, PHILLIPS B. Identifying latent structures in panel data ［J］. Econometrica, 2016, 84 (6): 2215 – 2264.

［90］ ZHANG Y, WANG H J, ZHU Z. Quantile – regression – based clustering for panel data ［J］. Journal of econometrics, 2019, 213 (1): 54 – 67.